1판 1쇄 인쇄 2021년 11월 1일
1판 1쇄 발행 2021년 11월 15일

글쓴이 배은영 ｜ 그린이 김창호
발행인 오영진 김진갑 ｜ 발행처 제제의숲 ｜ 기획편집 이희자
디자인 디자인페이퍼민트 ｜ 마케팅 박시현 박준서 김예은
출판등록 2013년 1월 25일 제2013-000028호
주소 서울시 마포구 월드컵북로5가길 12 서교빌딩 2층
전화 02-332-3310 팩스 02-332-7741
원고 투고 및 독자 문의 midnightbookstore@naver.com
블로그 blog.naver.com/midnightbookstore
페이스북 www.facebook.com/tornadobook
ISBN 979-11-5873-184-7 74700
ISBN 979-11-5873-182-3(세트)

제제의숲은 ㈜심야책방의 자회사입니다.
이 책은 저작권법에 따라 보호를 받는 저작물이므로 무단전재와 무단복제를 금하며,
이 책 내용의 전부 또는 일부를 사용하려면 반드시 저작권자와 제제의숲의 서면 동의를 받아야 합니다.

잘못되거나 파손된 책은 구입하신 서점에서 교환해 드립니다.
맞춤법과 띄어쓰기는 국립국어원의 기준에 따랐습니다.
책 모서리가 날카로워 다칠 수 있으니 사람을 향해 던지거나 떨어뜨리지 마십시오.
종이에 베이지 않게 주의하세요. 책값은 뒤표지에 있습니다.

이 도서의 국립중앙도서관 출판예정도서목록(CIP)은 서지정보유통지원시스템 홈페이지(http://seoji.nl.go.kr)와
국가자료공동목록시스템(http://www.nl.go.kr/kolisnet)에서 이용하실 수 있습니다. (CIP제어번호:CIP2020030596)

국어 천재가 된 철수와 영희의 고사성어 배틀

배은영 글 김창호 그림

제제의숲

차례

ㄱ

- **01** 각주구검 · 8
- **02** 개과천선 · 10
- **03** 결초보은 · 12
- **04** 계륵 · 14
- **05** 과유불급 · 16
- **06** 관포지교 · 18
- **07** 괄목상대 · 20
- **08** 군계일학 · 22
- **09** 금상첨화 · 24

ㄴ

- **10** 난형난제 · 26
- **11** 노심초사 · 28

ㄷ

- **12** 다다익선 · 30
- **13** 대기만성 · 32
- **14** 도원결의 · 34
- **15** 동병상련 · 36
- **16** 등용문 · 38

ㅁ

- **17** 마이동풍 · 40
- **18** 맹모삼천지교 · 42
- **19** 모순 · 44
- **20** 무릉도원 · 46
- **21** 문전성시 · 48

ㅂ

- **22** 반포지효 · 50
- **23** 배수진 · 52
- **24** 백문불여일견 · 54

ㅅ

- **25** 사면초가 · 56
- **26** 사족 · 58
- **27** 살신성인 · 60
- **28** 삼고초려 · 62
- **29** 새옹지마 · 64
- **30** 선입견 · 66
- **31** 설상가상 · 68
- **32** 순망치한 · 70
- **33** 시시비비 · 72

ㅇ

- **34** 어부지리 · 74
- **35** 역지사지 · 76
- **36** 오리무중 · 78
- **37** 오매불망 · 80
- **38** 오합지중 · 82
- **39** 온고지신 · 84
- **40** 와신상담 · 86
- **41** 완벽 · 88
- **42** 외유내강 · 90
- **43** 용두사미 · 92
- **44** 우공이산 · 94
- **45** 유비무환 · 96
- **46** 유언비어 · 98
- **47** 이심전심 · 100
- **48** 일거양득 · 102
- **49** 임기응변 · 104
- **50** 입신양명 · 106

ㅈ

- **51** 자포자기 · 108
- **52** 전전긍긍 · 110
- **53** 적반하장 · 112
- **54** 조삼모사 · 114
- **55** 죽마고우 · 116
- **56** 지피지기 · 118

ㅊ

- **57** 천고마비 · 120
- **58** 천재일우 · 122
- **59** 철면피 · 124
- **60** 청천벽력 · 126
- **61** 청출어람 · 128
- **62** 촌철살인 · 130

ㅌ

63 타산지석 · 132

64 토사구팽 · 134

ㅍ

65 파죽지세 · 136

ㅎ

66 함흥차사 · 138

67 형설지공 · 140

68 호가호위 · 142

69 화룡점정 · 144

70 환골탈태 · 146

사진 출처 · 148

찾아보기 · 150

01 각주구검

'배에서 칼을 강물에 떨어뜨리고는 그 위치를 뱃전에 표시했다가 나중에 그 칼을 찾으려고 한다'는 뜻이에요. 융통성 없이 현실에 맞지 않는 낡은 생각을 고집하는 어리석음을 이르는 말이랍니다.

[카톡 대화]
- 집에 잘 갔어?
- 나 놀이터 그네.
- 왜?
- 그네 타다가 천 원짜리 지폐가 떨어졌거든. 바람에 살짝 앞으로 날아가는 걸 보면서 좀 이따 주워야지 하고 잊어버린 거야. 아무리 찾아봐도 그네 밑엔 없네.
- 각주구검인 줄도 모르고. 쯧쯧.
- 그게 무슨 말이야?
- 날아가는 것까지 봤다며. 그게 여태 그네 밑에 있겠냐? 벌써 바람에 저 멀리 날아갔거나 누가 주워 갔겠지.
- 으앙! 내 돈. ㅠㅠ

[그림 속 말풍선]
- 언제까지 파려고 그래?
- 내 돈 나올 때까지!
- 제발!

같은 한자 성어
≡ 각선구검(刻船求劍)

刻	舟	求	劍
새길 각	배 주	구할 구	칼 검

칼은 강물 속에, 표시는 뱃전에

《여씨춘추》〈찰금〉 편에 나오는 이야기예요. 중국 초나라 사람이 배를 타고 양쯔강을 건너다가 손에 들고 있던 보검을 강물에 빠뜨리고 말았어요. 그러자 검이 떨어진 위치의 뱃전에 자국을 내 표시해 두었다가 나중에 칼을 찾으러 강물에 들어갔지요. 배가 움직인 것을 생각하지 않고 어리석게 칼을 찾으려 했다는 데서 유래한 고사성어랍니다.

기다리면 잡힐 거야!

각주구검과 비슷한 뜻을 가진 고사성어로 '수주대토(守株待兎)'가 있어요. 수주대토는 그루터기를 지켜 토끼를 기다린다는 뜻으로, 우연히 그루터기에 머리를 박고 죽은 토끼를 잡았는데 계속 그 방법만 고집했다는 말이에요. 고지식하고 융통성이 없어 낡은 관습만 고집하는 것을 가리키지요.

▲ 펠릭스 오브레, 〈다모클레스의 검〉, 1831년, 발랑시엔 미술관

다모클레스의 검

19세기에 프랑스 화가 펠릭스 오브레가 그린 유화 작품이에요. 기원전 4세기 시칠리아 왕국의 디오니시우스 왕은 신하인 다모클레스가 왕의 자리를 부러워하자 그에게 하루 동안 왕좌에 앉으라고 했어요. 다모클레스는 왕좌에 앉아 있다가 머리 위에 걸려 있는 날카로운 칼을 발견하고 혼비백산하지요. '다모클레스의 검'은 언제 떨어질지 모르는 검처럼 위기가 언제 닥칠지 모른다는 경고의 의미로 쓰인답니다.

고사성어 더하기

➕ **구밀복검(口蜜腹劍)**
'입에는 꿀이 있고 배 속에는 칼이 있다'는 뜻으로, 말로는 친한 듯하나 속으로는 해칠 생각이 있음을 이르는 말.

➕ **오월동주(吳越同舟)**
서로 적의를 품은 사람들이 한자리에 있게 된 경우나 서로 협력하여야 하는 상황을 비유적으로 이르는 말.

02 개과천선

'지난 잘못을 고쳐 착하게 바뀐다'는 뜻이에요. 지난날의 잘못이나 허물을 뉘우치고 올바르고 착하게 된 사람에게 쓰는 고사성어랍니다.

충성! 앞으로 똥은 배변판에만 쌀 것이며 주인님 팔은 절대 물어뜯지 않겠습니다!

좋아. 좋아.

우리 개가 개과천선했어요.

음냐, 음냐.

뭔 소리야.

너희 엄마 너무 신나셨네.

우리 엄마 너희 집에 갔어?

응. 지금 네 얘기하는 중.

뭐라시는데?

네가 이제 양말도 안 뒤집어 놓고, 옷도 뱀 허물 벗듯 안 벗고, 빨래 바구니에 잘 갖다 놓는대.

엄마는 뭐 그런 것까지 말하는 거야.

완전 개과천선했는데.

뭐라고!?

같은 한자 성어
- 개과자신(改過自新)

비슷한 한자 성어
- 회과천선(悔過遷善) : 잘못을 뉘우치고 착한 일을 하게 된다는 뜻.
  悔 뉘우칠 회 過 허물 과 遷 옮길 천 善 착할 선

改過遷善

改	過	遷	善
고칠 개	지날(허물) 과	옮길 천	착할 선

▲ 스크루지 삽화

허물을 고쳐 새로이 착한 사람으로

《진서》〈본전〉에 나오는 이야기예요. 중국 진나라에 나쁜 짓을 일삼는 주처라는 사람이 있었어요. 마을 사람들은 그와 마주치는 걸 몹시 꺼려 했어요. 이후 주처는 자신의 잘못을 깨닫고 새로운 사람이 되려고 결심하였으나 마을 사람들이 받아 주지 않았지요. 주처는 대학자인 육기, 육운 형제를 찾아가 자신의 이야기를 했어요. 그러자 육기, 육운 형제는 "굳은 의지를 가지고 지난 허물을 고쳐 새로이 착한 사람이 된다면 자네의 앞길은 무한한 것일세."라고 말하며 격려해 주었어요. 주처는 이후 10년 넘게 덕과 학문을 닦아 마침내 이름난 대학자가 되었답니다.

개과천선의 대표 주자, 스크루지!

찰스 디킨스의 소설 《크리스마스 캐럴》은 마음씨 고약한 스크루지가 주인공이에요. 돈이 많은 스크루지는 성실하게 일하는 부하를 구박하고, 불쌍한 사람들에 대한 연민도 없는 천하제일의 구두쇠지요. 그러다 크리스마스 이브에 죽은 동료들의 유령이 스크루지를 찾아오고, 스크루지는 자신의 과거·현재·미래의 모습을 차례로 만나요. 그 과정에서 스크루지는 자신의 잘못을 깨닫고 개과천선하게 돼요.

▲ 1843년에 발행된 《크리스마스 캐럴》 초판본

우리나라 고전 소설 《옹고집전》 속 개과천선

《옹고집전》의 주인공 옹고집은 심술궂고 베푸는 데 인색한 사람이에요. 늙은 어머니에 대한 효심도 없고, 배고픔에 굶주린 거지나 시주 받으러 온 승려가 집에 오면 쫓아내기 일쑤였지요. 보다 못한 도사가 가짜 옹고집을 만들어 진짜 옹고집을 혼쭐내자, 옹고집은 자기의 잘못을 깨닫고 뉘우쳐요. 개과천선한 옹고집은 어머니에게 효도하며 착하게 살았어요.

반대되는 한자 성어, 자과부지

'자과부지(自過不知)'는 자기의 잘못을 자기가 알지 못한다는 뜻으로, 개과천선과 반대되는 한자 성어예요. 제 허물을 스스로 알지 못한다면 절대로 개과천선할 수 없을 테니까요.

고사성어 더하기

➕ **권선징악 (勸善懲惡)**
착한 일을 권장하고 악한 일을 징계함.

03 결초보은

'풀을 묶어 은혜를 갚는다'는 뜻이에요. 죽고 나서도 은혜를 잊지 않고 갚는다는 의미의 고사성어랍니다.

은혜 갚아!

운동화 끈은 왜 같이 묶고 달리는 건데!

체육 대회 때 우리 반 대표로 달리기 해야 해. ㅠㅠ 근데 혼자 연습하려니 엄두가 안 나네.

내가 같이 연습해 줄게.

정말? 근데 왜?

나 독감 주사 무서워서 벌벌 떨고 있을 때, 네가 내 손 꼭 잡아 줬잖아. 그때 얼마나 든든했는지 몰라. 이것은 바로 결초보은!

풀 묶듯이 운동화 끈 단단히 묶고 와야 해!

당연하지.

비슷한 한자 성어

- **각골난망(刻骨難忘)**: 남에게 입은 은혜가 뼈에 새길 만큼 커서 잊히지 않는다는 뜻.
  刻 새길 각 骨 뼈 골 難 어려울 난 忘 잊을 망

- **백골난망(白骨難忘)**: '죽어서 백골이 되어도 잊을 수 없다'는 뜻으로, 남에게 큰 은덕을 입었을 때 고마움의 뜻으로 이르는 말.
  白 흰 백 骨 뼈 골 難 어려울 난 忘 잊을 망

結	草	報	恩
맺을 결	풀 초	갚을 보	은혜 은

풀을 묶어 적군을 넘어뜨리다

《춘추좌씨전》에 나오는 이야기예요. 중국 춘추 시대 때, 진나라의 위과라는 사람이 아버지가 세상을 떠난 후에 아버지의 첩을 죽이지 않고 다른 곳으로 시집보냈어요. 그 뒤 전쟁에 나간 위과는 한 노인이 적군의 발 앞에 풀을 묶어 두어서 걸려 넘어지게 한 덕분에 손쉽게 승리할 수 있었어요. 그 노인은 바로 첩의 아버지 혼이었답니다.

은혜 갚은 까치

과거를 보러 가던 선비가 구렁이에게 잡아먹힐 위기에 처한 까치를 구해 주었어요. 그날 밤 여자로 둔갑한 구렁이의 아내가 선비를 잡아먹으려고 하자 까치가 와서 선비를 구해 주지요. 까치가 결초보은을 실천한 거예요.

▲까치

반대되는 한자 성어, 배은망덕

결초보은과 반대의 의미를 가진 한자 성어로 '배은망덕(背恩忘德)'이 있어요. 남에게 입은 은혜를 저버리고 도리어 해치려 한다는 뜻이에요. '지난번에 배은망덕을 저지르고도 같이 놀자고 나를 찾아오다니 어이가 없네!'라고 쓸 수 있어요.

행운의 풀, 네잎클로버

나폴레옹은 프랑스의 포병 부대 지휘관이던 시절 전장에서 우연히 네잎클로버를 발견하고 허리를 숙였어요. 그 순간 나폴레옹의 머리 위로 적의 총탄이 지나갔지요. 네잎클로버 덕분에 나폴레옹은 총알을 피할 수 있었던 거예요. 클로버는 우리말로 토끼풀을 말해요. 보통 세 잎인 클로버 사이에서 네잎클로버를 발견할 확률은 일만 분의 일이라고 해요.

▼네잎클로버

고사성어 더하기

➕ **결자해지(結者解之)**
'맺은 사람이 풀어야 한다'는 뜻으로, 자기가 저지른 일은 자기가 해결하여야 함을 이르는 말.

04 계륵

'닭의 갈비'라는 뜻으로, 먹을 만한 데가 없지만 버리기에는 아까운 것을 이르는 말이에요. 그다지 큰 소용은 없으나 버리기에는 아까워 이러지도 저러지도 못하는 형편을 가리킬 때 쓰지요.

영희: 알뜰 바자회에 어렸을 때 하던 머리핀 내놓으려고.
- 내놓으면 되겠네.
- 그런데 너무 아까워.
- 그럼 내놓지 마.
- 내가 하기에는 이제 유치하고.
- 계륵이냐…….
- 윽, 너무 고민돼!!!

언니, 이거 한 번 빨았던 건데, 개구리 핀하고 바꿀까?

참을 인, 참을 인, 참을……

크크크, 그거라도 받고 팔아라!

비슷한 한자 성어

🔸 **진퇴양난(進退兩難)**: '앞으로 나아가기도 어렵고 뒤로 물러서기도 어렵다'는 뜻으로, 이러지도 저러지도 못하는 어려운 처지를 이르는 말.
進 나아갈 진 退 물러날 퇴 兩 두 양 難 어려울 난

🔸 **진퇴유곡(進退維谷)**: 이러지도 저러지도 못하고 꼼짝할 수 없는 궁지.
進 나아갈 진 退 물러날 퇴 維 벼리 유 谷 골 곡

🔸 **진퇴무로(進退無路)**: 이러지도 저러지도 못하는 어려운 처지.
進 나아갈 진 退 물러날 퇴 無 없을 무 路 길 로

鷄	肋
닭 계	갈빗대 륵

버리자 하니 아까운 닭의 갈비

《후한서》〈양수전〉에 나오는 이야기예요. 중국 후한 때 조조와 유비가 한중 지역을 놓고 쟁탈전을 벌이고 있었어요. 어느 날 저녁, 조조에게 닭국이 바쳐졌는데 먹자 하니 먹을 것이 없고, 버리자 하니 아까운 거예요. 이런 닭의 갈비를 보니 조조는 꼭 자신의 처지 같았지요. 그래서 부하들에게 "계륵!"이라고 소리쳤어요. 이 말을 들은 부하들 중 양수만이 '한중을 유비에게 내주기는 아깝지만 큰 이득이 없으니 철수하겠다'는 조조의 숨은 뜻을 알아차렸어요. 얼마 후, 양수의 예상대로 조조는 군대를 한중에서 철수시켰답니다.

◀ 양수

속마음을 들킨 조조

조조의 "계륵!"이라는 외침에 군대를 철수시킬 준비를 서두르는 양수를 보고 조조는 깜짝 놀랐지요. 양수가 자신의 마음을 훤히 꿰뚫고 있는 것 같았기 때문이에요. 그래서 조조는 양수를 살려 두면 훗날 자신에게 위협이 될 거라고 생각했어요. 결국 조조는 군대를 어지럽혔다는 죄목을 씌워 양수를 죽이고 말았답니다.

쉰밥도 아까워!

우리나라 속담 '쉰밥 고양이 주기 아깝다'는 계륵과 비슷한 뜻을 가지고 있어요. 사람이 먹을 수 없는 쉰밥이지만 고양이에게 주기에도 아깝다는 말로, 자기에게 소용이 없으면서도 남에게는 주기 싫은 인색한 마음을 비유적으로 이르는 속담이에요.

고사성어 더하기

➕ **계구우후(鷄口牛後)**
'닭의 주둥이와 소의 꼬리'라는 뜻으로, 큰 단체의 꼴찌보다는 작은 단체의 우두머리가 되는 것이 오히려 나음을 이르는 말.

➕ **계란유골(鷄卵有骨)**
'달걀에도 뼈가 있다'는 뜻으로, 운수가 나쁜 사람은 모처럼 좋은 기회를 만나도 역시 일이 잘 안됨을 이르는 말.

➕ **계명구도(鷄鳴狗盜)**
비굴하게 남을 속이는 하찮은 재주 또는 그런 재주를 가진 사람을 이르는 말.

05 과유불급

'정도를 지나침은 미치지 못함과 같다'는 뜻이에요. 지나치거나 모자라지 않고 한쪽으로 치우치지 않는 상태가 중요함을 가리키는 말이지요.

그 큰 걸 한 번에 다 먹겠다고?

과유불급이로다.

당연하지!

하늘 천, 땅 지, 누를 황, 검을 현, 에헴!

갑자기 훈장님이 되셨나?

오늘부터 한 달 안에 천자문 다 외울 거야.

헉!

얼마 안 돼. 하루에 33개씩 외우면 금방 뗄 수 있어.

과유불급이라고 했어. 하루에 한 개씩 천 일 동안 외우는 건 어때?

나를 뭘로 보고! 할 수 있다고!

작심삼일만 되지 마라.

3일이면 99개!

비슷한 한자 성어

🔸 **교각살우(矯角殺牛)** : '소의 뿔을 바로잡으려다가 소를 죽인다'는 뜻으로, 잘못된 점을 고치려다가 그 방법이나 정도가 지나쳐 오히려 일을 그르침을 이르는 말.

矯 바로잡을 교　角 뿔 각　殺 죽일 살　牛 소 우

🔸 **교왕과직(矯枉過直)** : '굽은 것을 바로잡으려다가 정도에 지나치게 곧게 한다'는 뜻으로, 잘못된 것을 바로잡으려다가 너무 지나쳐서 오히려 나쁘게 됨을 이르는 말.

矯 바로잡을 교　枉 굽을 왕　過 지날 과　直 곧을 직

過	猶	不	及
지날 과	오히려 유	아닐 불(부)	미칠 급

자장은 지나치고, 자하는 미치지 못한다

《논어》〈선진〉편에 나오는 이야기예요. 자공이 공자에게 "자장과 자하 중에 어느 쪽이 현명합니까?"라고 물었어요. 그러자 공자는 "자장은 지나치고, 자하는 미치지 못한다."라고 대답했어요. 그러자 자공이 "그럼 자장이 낫다는 말씀입니까?" 하고 되받아 물으니, 공자는 "지나친 것은 미치지 못한 것과 같다."라고 말하였어요.

너무 깨끗한 물에는 물고기가 안 살아!

우리나라 속담 '물이 너무 맑으면 고기가 아니 모인다'는 너무 깨끗한 물에는 물고기들이 모여 들지 않는다는 뜻으로, 사람이 지나치게 결백하면 남이 따르지 않음을 비유적으로 이르는 말이에요. 무엇이든지 지나치거나 한쪽으로 치우치는 것보다 늘 변함없이 정도에 알맞은 사람이 되는 게 중요해요.

◀ 물의 맑기에 따라 나눈 물의 급수 중 가장 상위인 1급수에 사는 물고기들로, 왼쪽부터 버들치, 열목어, 버들개

욕심을 경계하는 고사성어

《장자》〈소요유〉에서 유래한 '소림일지(巢林一枝)'는 작은 새가 집을 지을 때는 나뭇가지 하나로 족하다는 뜻으로, 본분에 만족하여 더 많은 것을 탐내지 않음을 이르는 고사성어예요. 자기가 가진 수준을 넘어선 지나친 욕심이야말로 과유불급이 경계하는 것이랍니다.

▶ 둥지를 짓기 위해 나뭇가지를 옮기는 새

고사성어 더하기

➕ **과문불입(過門不入)**
아는 사람의 집 문 앞을 지나면서도 들르지 아니함.

➕ **유어유수(猶魚有水)**
'물고기와 물의 관계'처럼 임금과 신하 또는 부부 사이가 친밀함을 이르는 말.

06 관포지교

옛날 중국 제나라 때 관중과 포숙아라는 사람이 있었어요. 관포지교는 '관중과 포숙아의 사귐'이란 뜻으로, 친구 사이의 두터운 우정이나 돈독한 친구 관계를 가리키는 고사성어예요.

영희: 요즘 너 승희랑 엄청 붙어 다니더라.

상대: 승희가 게임 아이템 줘서 나 레벨 5단계나 올랐잖아. 생명의 은인이지.

영희: 풉! 무슨 생명의 은인까지.

상대: 이번에 수학 시험 점수도 승희랑 똑같이 30점이야.

영희: 뭐?

상대: 우린 운명인가 봐.

영희: 너희의 관포지교가 눈물겹다.

상대: 감동의 눈물이지?

영희: 으이그.

(승희) 오늘로 너와의 관포지교는 끝인 거 같아.
풉!
크윽, 배신자!!

비슷한 한자 성어

🔸 **수어지교(水魚之交)**: '물이 없으면 살 수 없는 물고기와 물의 관계'라는 뜻으로, 아주 친밀하여 떨어질 수 없는 사이를 비유적으로 이르는 말.
水 물 수   魚 물고기 어   之 갈 지   交 사귈 교

🔸 **지란지교(芝蘭之交)**: '지초와 난초의 교제'라는 뜻으로, 벗 사이의 맑고도 고귀한 사귐을 이르는 말.
芝 지초 지   蘭 난초 란   之 갈 지   交 사귈 교

🔸 **문경지교(刎頸之交)**: '서로를 위해서라면 목이 잘린다 해도 후회하지 않을 정도의 사이'라는 뜻으로, 생사를 같이할 수 있는 아주 가까운 사이, 또는 그런 친구를 이르는 말.
刎 벨 문   頸 목 경   之 갈 지   交 사귈 교

管	鮑	之	交
대롱 관	절인 물고기 포	어조사(갈) 지	사귈 교

관중과 포숙아의 사귐

《사기》〈관안열전〉에 나오는 이야기예요. 춘추 시대 제나라에 둘도 없는 친구 사이인 관중과 포숙아가 있었어요. 관중과 포숙아는 공자의 제자인 규와 소백이라는 서로 다른 스승에게 배웠어요. 경쟁자였던 규와 소백 중에서 소백이 왕위에 오르자 규는 죽임을 당하고 관중은 포로가 되었지요. 그때 포숙아가 나서 왕에게 관중을 등용하도록 청을 드렸고, 관중은 포숙아 덕분에 제나라의 국정을 맡으며 자신의 능력을 발휘할 수 있었어요.

나를 알아준 친구

관중이 포숙아를 속이고 더 많은 이익을 가져도 포숙아는 관중이 가난하기 때문이라고 여겼고, 관중이 전쟁에서 도망쳐 올 때도 포숙아는 관중에게 늙은 어머니가 있기 때문이라 했으며, 관중이 관직에 나아갔다 쫓겨 왔을 때에도 포숙아는 관중에게 시대를 제대로 만나지 못한 것이라고 말했어요. 포숙아는 어느 상황에서든 관중을 믿으며 우정을 이어 나갔지요. 훗날 관중은 "나를 낳아 준 것은 부모님이지만, 나를 알아준 것은 포숙아였다."라는 말을 했어요.

오성과 한음

▲오성 이항복 ▲한음 이덕형

조선 중기의 문신이었던 오성(이항복)과 한음(이덕형)은 막역한 친구 사이였어요. 둘은 다섯 살의 나이 차이, 남인과 서인이라는 당파의 차이에도 불구하고 스스럼없이 학문과 의견을 나누고, 서로를 믿으며 돈독한 우정을 이어 나갔지요. 둘은 임진왜란이 일어났을 때에도 왜군을 물리치는 데 큰 역할을 하며 차례로 조선 최고의 벼슬인 영의정에도 올랐어요.

화가 정선과 시인 이병연의 우정

조선 후기 시와 그림에서 당대 최고였던 사천 이병연과 겸재 정선은 한 동네에 살았는데, 정선이 양천의 현령으로 부임하면서 몇 년 동안 떨어져 지내자 편지로 시와 그림을 교환하며 서로에 대한 그리움을 달랬어요. 그것을 정선은 〈시화환상간〉이라는 그림으로 남겼어요.

고사성어 더하기

➕ **관중규표(管中窺豹)**
'대롱 구멍으로 표범을 보면 표범의 얼룩점 하나밖에 보이지 않는다'는 뜻으로, 견문과 학식이 좁음을 이르는 말.

➕ **교담여수(交淡如水)**
'사귀어서 담백하기가 물과 같다'는 뜻으로, 담백한 군자의 교제를 이르는 말.

07 괄목상대

'눈을 비비고 상대를 대한다'는 뜻이에요. 상대방의 학식이나 재주가 깜짝 놀랄 만큼 부쩍 늘었음을 이르는 말이에요.

비슷한 한자 성어

- 일진월보(日進月步): 나날이 다달이 계속하여 진보, 발전함.
  日 날 일   進 나아갈 진   月 달 월   步 걸음 보

- 일취월장(日就月將): 나날이 다달이 자라거나 발전함.
  日 날 일   就 나아갈 취   月 달 월   將 장차 장

刮	目	相	對
긁을 괄	눈 목	서로 상	대할 대

▲▲죽순과 대나무

몰라보게 나아져서 깜짝 놀라다

《삼국지》〈오지〉에 나오는 이야기예요. 오나라 왕 손권의 부하 중에 여몽이라는 장수가 있었는데, 여몽은 무예 실력은 뛰어나나 학식이 없었어요. 손권이 여몽에게 공부를 하도록 충고하자 여몽은 그날부터 열심히 학문을 닦았지요. 어느 날, 학식이 높은 노숙이 오랜만에 여몽을 만났다가 그의 박식함에 깜짝 놀랐어요. 여기서 나온 말이 괄목상대예요.

'우후죽순'으로 크는 대나무

'괄목상대'가 학식이나 재주가 갑자기 몰라볼 정도로 나아졌음을 뜻한다면, '우후죽순(雨後竹筍)'은 눈에 보이게 자라난 대나무의 모습을 나타내는 한자 성어예요. 대나무의 어린 싹은 비가 오고 나면 순식간에 널리 펴져 솟아나요. 이 어린 싹을 '죽순'이라고 하는데, '우후죽순'은 '비가 온 뒤에 여기저기 솟는 죽순'이라는 뜻으로 어떤 일이 한때에 많이 생겨남을 뜻한답니다.

손에서 책을 놓지 않아야

《삼국지》〈오지〉에서 유래된 또 다른 고사성어로 '수불석권(手不釋卷)'이 있어요. 손권이 여몽에게 공부할 것을 충고할 때 "후한의 황제 광무제는 바쁜 가운데서도 책을 손에서 놓지 않았다."고 했지요. 여기에서 유래된 '수불석권'은 '손에서 책을 놓지 않고 늘 글을 읽는다.'는 뜻이에요.

눈을 비비면 안 돼!

손에는 눈에 보이지 않는 세균과 바이러스가 많아요. 세균이나 바이러스가 묻은 손으로 눈을 비비면 눈이 가렵거나 붓고 핏발이 서거나 눈곱이 많이 끼는 등 여러 가지 증상이 나타나면서 결막에 염증을 일으키지요. 눈을 만질 때는 반드시 손을 깨끗이 씻어야 한답니다.

고사성어 더하기

➕ **괄구마광(刮垢磨光)**
'때를 벗기고 빛이 나게 닦는다'는 뜻으로, 사람의 결점을 고치고 장점을 발휘하게 함을 이르는 말.

➕ **대우탄금(對牛彈琴)**
'소를 마주 대하고 거문고를 탄다'는 뜻으로, 어리석은 사람에게는 깊은 이치를 말해 주어도 알아듣지 못하므로 아무 소용이 없음을 이르는 말.

08 군계일학

'닭의 무리 가운데에 있는 한 마리의 학'이란 뜻으로, 평범한 사람들 가운데서 뛰어난 인물을 이르는 말이에요.

같은 한자 성어
- 계군고학(鷄群孤鶴)
- 계군일학(鷄群一鶴)
- 학립계군(鶴立鷄群)

비슷한 한자 성어

- **백미(白眉)**: '흰 눈썹'이라는 뜻으로, 여럿 가운데에서 가장 뛰어난 사람이나 훌륭한 물건을 비유적으로 이르는 말.
  白 흰 백   眉 눈썹 미

- **낭중지추(囊中之錐)**: '주머니 속의 송곳'이라는 뜻으로, 재능이 뛰어난 사람은 숨어 있어도 저절로 사람들에게 알려짐을 이르는 말.
  囊 주머니 낭   中 가운데 중   之 갈 지   錐 송곳 추

群	鷄	一	鶴
무리 군	닭 계	한 일	학 학

닭 무리 속의 학

《보서》〈혜소전〉에 나오는 이야기예요. 선비 혜강의 아들 혜소는 영특했지만 아버지가 누명을 쓰고 사형을 당하자 관직에 나갈 수 없었어요. 이를 안타깝게 여긴 산도가 황제에게 혜소를 관직에 등용할 것을 간청했어요. 황제는 기꺼이 그 청을 받아들였지요. 혜소가 처음으로 궁궐로 들어갔을 때 한 사람이 그를 보고 이렇게 말했어요.

"많은 사람들 틈에 섞여 있는 혜소를 보니, 학이 닭 무리 속으로 내려앉은 것 같군."

닭과 학

닭		학(두루미)
약 50센티미터	몸길이	약 1.4미터
집에서 사육	사는 곳	풀밭
날개가 퇴화되어 날지 못함	특징	겨울 철새, 천연기념물 제202호

문관 가슴에 새긴 학

조선 시대 왕과 왕세자, 문관과 무관은 관복의 가슴에 학이나 호랑이를 수놓은 사각형 흉배를 달았어요. 왕과 왕세자는 용 흉배를, 문관은 학 흉배를, 무관은 호랑이 흉배를 붙였지요. 그 밖에도 기린, 사자, 곰, 거북, 해태 등을 직책과 직급에 따라 달리하여 흉배를 달았어요.

◀ 당상관 이상 문관이 단 쌍학 흉배

학의 의미

옛 선비들은 고고한 자태와 고상한 기품을 가진 학처럼 평생 올곧은 신념으로 꼿꼿하게 살기를 바랐어요. 서민들은 수명이 50년가량 되는 학을 장수의 상징물로 귀하게 여겼지요. 또한 중국에서는 학을 신선의 새로 여겼고, 서양에서도 운이 좋은 새로 생각했어요.

고사성어 더하기

➕ **군맹상평(群盲象評)**
'여러 맹인이 코끼리를 더듬는다"는 뜻으로, 자기의 좁은 소견과 주관으로 사물을 잘못 판단함을 이름.

09 금상첨화

'비단 위에 꽃을 더한다'는 뜻으로, 좋은 일 위에 또 좋은 일이 더하여짐을 비유적으로 이르는 말이에요.

맛있는 빵에 생크림 듬뿍! 이게 금상첨화지!

[카톡 대화]
- 내일 내 생일 파티에 올 거지?
- 맛있는 거 많냐?
- 치킨, 피자에 디저트는 마카롱이랑 초코셰이크.
- 와! 내가 좋아하는 거다!
- 5반에 우진, 우혁, 우성이도 올 거니까 늦지 말고 와.
- 그 잘생긴 세쌍둥이까지? 우아, 완전 금상첨화인데.
- 그럼 온다는 걸로 알게.
- 철수야, 태어나 줘서 고마워.
- 부담스럽다. ㅎㄷㄷ

반대되는 한자 성어

- **설상가상(雪上加霜)** : '눈 위에 서리가 덮인다'는 뜻으로, 난처한 일이나 불행한 일이 잇따라 일어남을 이르는 말.

  雪 눈 설 上 위 상 加 더할 가 霜 서리 상

- **전호후랑(前虎後狼)** : '앞문에서 호랑이를 막고 있으려니까 뒷문으로 이리가 들어온다'는 뜻으로, 재앙이 끊일 사이 없이 닥침을 비유적으로 이르는 말.

  前 앞 전 虎 범 호 後 뒤 후 狼 이리 랑

錦	上	添	花
비단 금	위 상	더할 첨	꽃 화

▲ 삶은 누에고치와 누에고치에서 뽑은 명주실과 비단천

좋은 일에 또 좋은 일

중국 북송의 학자 왕안석이 지은 시 〈즉사〉에 나오는 구절이에요.

　좋은 모임에서 잔 속의 술을 비우려 하는데
　고운 노래는 비단 위에 꽃을 더한다

이 시에서 비단은 좋은 모임과 근처 아름다운 풍경을 이르고, 꽃은 고운 노래를 말해요. 이처럼 금상첨화는 좋은 일(즐거운 날)에 또 좋은 일(노래)이 더해짐을 나타내는 고사성어랍니다.

고귀한 비단

비단은 누에고치에서 뽑은 명주실로 짠 천이에요. 가볍고 빛깔이 우아하며 촉감이 부드러워서 베, 무명보다 값이 비싸지요. 그래서 비단은 화폐가 없던 시절 조개, 쌀과 함께 화폐를 대신하는 물품으로 사용됐어요.

고대 통상로, 비단길

고대 중국은 중국-서아시아-지중해를 연결하는 무역로를 통해 특산물인 비단을 페르시아, 인도, 그리스, 로마 등의 서역에 전했어요. 이 무역로를 비단길(실크로드)이라고 불렀지요. 그리스와 로마에서는 비단을 금의 무게와 같은 값으로 거래할 만큼 비단을 귀중하게 여겼어요. 또한 비단길을 통해서 유리, 보석, 말 같은 서역의 특산품이 중국에 수출되었고, 더불어 불교와 간다라 미술이 중국으로 전파되었답니다.

▲ 주로 사막으로 되어 있어서 '사막길'이라고도 하는 비단길

고사성어 더하기

➕ **금의환향(錦衣還鄉)**
'비단옷을 입고 고향에 돌아온다'는 뜻으로, 출세를 하여 고향에 돌아가거나 돌아옴을 비유적으로 이르는 말.

➕ **화조풍월(花鳥風月)**
'꽃과 새와 바람과 달'이라는 뜻으로, 아름다운 경치를 이르는 말.

10 난형난제

'누구를 형이라 하고, 누구를 아우라 하기 어렵다'는 뜻이에요. 두 사람의 학문이나 재능이 비슷하거나 두 사물이 비슷하여 낫고 못함을 정하기 어려울 때 쓰는 말이랍니다.

[카톡 대화]

- 우리 학교에서 지우개 따먹기 대장은 나지?
- 그렇다고 해 두자. 근데 그건 왜 물어?
- 내 동생이 자기가 지우개 따먹기 대장이래!
- 헐! 둘이 그걸로 싸우는 거야?
- 웃지 마. 결판을 내야 한다고!
- 둘이 붙어 봤어?
- 당연! 2 대 2로 비겼어.
- 그냥 난형난제라고 해 두자!
- 다음번엔 내가 이기고 말 거야. 뿌드득!

[그림 속 말풍선]
- 화르르
- 난형난제 아니랄까 봐 점수도 똑같니?
- 형님 차례지?
- 헉!

비슷한 한자 성어

- **백중지세**(伯仲之勢) : 서로 우열을 가리기 힘든 형세를 뜻함.
  伯 맏 백 仲 버금 중 之 갈 지 勢 형세 세

- **우열난분**(優劣難分) : 뛰어나고 열등함을 분간할 수 없다는 뜻.
  優 뛰어날 우 劣 못할 열 難 어려울 난 分 나눌 분

- **막상막하**(莫上莫下) : 더 낫고 더 못함의 차이가 거의 없다는 뜻.
  莫 없을 막 上 위 상 莫 없을 막 下 아래 하

難兄難弟

| 어려울 난(란) | 형 형 | 어려울 난(란) | 아우 제 |

▲〈백설 공주〉와〈빨간 모자〉동화의 삽화

우열을 가릴 수 없는 형제

《세설신어》〈방정〉에 나오는 이야기예요. 후한 때, 사촌 사이인 진기의 아들 진군과 진심의 아들 진충이 있었어요. 어느 날, 진군과 진충은 각자 아버지의 공적과 덕행을 자랑하며 자기 아버지가 더 훌륭하다고 주장했어요. 쉽게 결론이 나지 않자, 둘은 할아버지인 진식에게 가서 판정해 달라고 했지요. 그러자 진식은 "형이라 하기도 어렵고, 아우라 하기도 어렵구나."라고 말했어요. 누가 훌륭하고, 누가 못하다는 것을 가릴 수 없다는 이야기랍니다.

위대한 형제들!

형 야코프 그림과 동생 빌헬름 그림은 독일의 형제 작가예요. 그림 형제는 독일에 오랫동안 전해져 온 이야기들을 모아 《그림 동화》를 펴냈어요. 〈빨간 모자〉, 〈백설 공주〉, 〈헨젤과 그레텔〉, 〈브레멘의 음악대〉 등 200편이 넘는 동화를 담았지요.

라이트 형제는 세계 최초의 동력 비행기를 만들었어요. 미국에서 장난감 기계와 자전거를 만들어서 파는 일을 하던 형 윌버 라이트와 동생 오빌 라이트 형제는 비행에 관심을 갖고 열심히 노력한 끝에 1903년 12월에 역사적인 첫 동력 비행에 성공했어요.

▲형 야코프 그림(오른쪽)과 동생 빌헬름 그림(왼쪽)

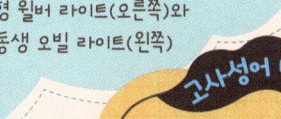
◀형 윌버 라이트(오른쪽)와 동생 오빌 라이트(왼쪽)

▲1903년 동생 오빌 라이트의 조종으로 첫 동력 비행에 성공한 모습

형과 아우가 나오는 속담

우리나라에 '형만 한 아우 없다'라는 속담이 있어요. 모든 일에 있어 아우가 형만 못하다는 말이에요. 먼저 태어난 형이 모든 면에서 동생보다 낫다는 의미로 쓰이지요. 또 '형 보니 아우'라는 속담은 형을 보면 그 아우도 짐작할 수 있다는 뜻이랍니다.

고사성어 더하기

➕ **형우제공(兄友弟恭)**
'형은 아우를 사랑하고 동생은 형을 공경한다'는 뜻으로, 형제간에 서로 우애 깊게 지냄을 이르는 말.

➕ **형제혁장(兄弟鬩牆)**
'형제가 담 안에서 싸운다'는 뜻으로, 동족끼리 서로 다툼을 이르는 말.

➕ **호형호제(呼兄呼弟)**
'서로 형이니 아우니 하고 부른다'는 뜻으로, 매우 가까운 친구로 지냄을 이르는 말.

11 노심초사

'마음속으로 애를 쓰고 생각이 많아 속이 탄다'는 뜻이에요. 어떤 일에 대한 걱정이 많아 몹시 마음을 쓰며 애를 태운다는 말이랍니다.

비슷한 한자 성어

- **초심고려(焦心苦慮)**: 마음을 졸여서 태우며 괴롭게 염려함.
  焦 탈 초 心 마음 심 苦 쓸 고 慮 생각할 려

- **경경고침(耿耿孤枕)**: 근심에 싸여 있는 외로운 잠자리.
  耿 빛 경 耿 빛 경 孤 외로울 고 枕 베개 침

- **경경불매(耿耿不寐)**: 염려되고 잊히지 않아 잠을 이루지 못함.
  耿 빛 경 耿 빛 경 不 아닐 불 寐 잘 매

勞	心	焦	思
힘쓸 노(로)	마음 심	탈 초	생각 사

집에도 들어가지 못할 정도로 아프고 타는 마음

《사기》〈하본기〉에 나오는 이야기예요. 하나라의 순 임금은 황허강 유역에서 홍수가 자주 일어나자 곤에게 홍수를 막으라는 임무를 내렸어요. 하지만 9년이 넘도록 제자리걸음을 하자 순 임금은 곤에게 책임을 물어 죽이고, 그 아들인 우에게 같은 임무를 내렸지요. 우는 아버지가 공을 이루지 못하고 죽임을 당한 것이 마음 아파 노심초사하면서 13년을 밖에서 지냈는데, 집 대문 앞을 지나면서도 단 한 번도 집에 들어가지 않았어요. 그리고 노력 끝에 홍수를 막아 내고 여러 가지 업적을 쌓아 마침내 순 임금의 후계자가 되었어요.

심장이 콩닥콩닥

노심초사하면 마음이 편하지 않고 조마조마하기 마련이에요. 이렇게 불안한 상태가 계속되면 심장이 평소보다 더 빨리 더 많이 콩닥콩닥 뛰어요. 왜 그런 걸까요? 우리 몸의 교감 신경계가 자극을 받으면 '아드레날린'과 '노르아드레날린'이라는 호르몬이 나와 심장 근육을 수축시켜 심박수(1분 동안 심장이 뛰는 횟수)가 높아지게 돼요. 우리 심장은 1분에 보통 60~80회 뛰는데, 격렬한 신체 운동을 하거나 심리적으로 초조하고 불안하면 1분에 100~200회 정도 뛰어요.

아드레날린과 노르아드레날린 호르몬이 분비되었을 때의 신체 변화

마음과 관련된 한자 성어

- **일편단심(一片丹心)**: '한 조각의 붉은 마음'이라는 뜻으로, 진심에서 우러나오는 변치 않는 마음을 이르는 말이에요.
- **자격지심(自激之心)**: 자기가 한 일에 대하여 스스로 미흡하게 여기는 마음을 가리키는 말이에요.
- **허심탄회(虛心坦懷)**: 품은 생각을 터놓고 말할 만큼 아무 거리낌이 없고 솔직함을 나타내요.

고사성어 더하기

➕ **노사일음(勞思逸淫)**
일을 하면 좋은 생각을 지니고, 한가로운 생활을 하면 방탕해진다는 것을 이르는 말.

➕ **초순건설(焦脣乾舌)**
'입술을 태우고 혀가 마른다'는 뜻으로, 극렬하게 논쟁을 한다는 말.

12 다다익선

'많으면 많을수록 더욱 좋다'는 말이에요. 나에게 도움이 되는 물건이나 사람 등 여러 방면에서 많으면 많을수록 더 이득이 된다는 뜻이지요.

내일 뭐 해?

어르신 쉼터에 봉사 활동 가.

누구랑?

오훈, 동원, 수현, 현준, 연서.

그렇게나 많이?

많으면 많을수록 좋지. 다다익선이라고 하잖아.

알았어. 나도 갈게.

넌… 안 와도 되는데……

뭐? 우이씨!

다다익선 분신술!

철수 봉사단!

철수는 많지 않아도 되는데……. 이건 꿈일 거야! 으윽!

같은 한자 성어
= 다다익판(多多益辦)

多	多	益	善
많을 다	많을 다	더할 익	좋을(착할) 선

많으면 많을수록 잘할 수 있습니다!

《사기》〈회음후열전〉에 나오는 이야기예요. 중국 한나라의 왕 유방이 장수 한신을 불러 얼마나 많은 장수를 거느릴 수 있는지를 물었어요. 그러자 한신이 "폐하는 10만 정도의 병사를 지휘할 수 있는 그릇이지만, 신은 병사의 수가 많으면 많을수록 잘 지휘할 수 있습니다." 하고 말했지요. 한신이 군사를 거느리는 능력에 대해 얘기하면서 다다익선이라는 말이 생겨났답니다.

'많다'는 뜻을 가진 단어

- **다각형** : 셋 이상의 직선으로 둘러싸인 평면 도형을 말해요. 삼각형, 사각형, 오각형 등이 있어요.
- **다수결** : 회의에서 많은 사람의 의견에 따라 안건의 옳고 그름을 결정하는 일을 말해요. 보통 학급 회의에서 안건을 결정할 때 많이 써요.
- **다의어** : 두 가지 이상의 뜻을 가진 단어를 말해요. 배, 눈, 말 등이 있어요.
- **다문화** : 한 사회 안에 여러 민족이나 여러 국가의 문화가 뒤섞여 있는 것을 이르는 말이에요.
- **다용도** : 여러 가지 쓰임새를 뜻해요.

비디오 아트 〈다다익선〉

국립 현대 미술관 과천관 로비에 설치되어 있는 〈다다익선〉▶

백남준은 1988년에 〈다다익선〉이라는 작품을 만들었어요. 10월 3일 개천절을 상징하는 1003대의 브라운관 모니터로 타워를 표현했는데, 그 높이가 18.5미터나 되지요. 이 작품에는 경복궁, 고려청자 등의 우리나라 상징물 영상을 비롯해 프랑스의 개선문, 그리스의 파르테논 신전 등 여러 나라의 상징물 영상이 나온답니다.

방관자 효과

다다익선과는 반대로 많으면 많을수록 좋지 않은 경우가 있어요. 어떤 사람이 어려움에 처했을 때 주위에 사람이 많을수록 어려움에 처한 사람을 돕지 않고 지켜보기만 한다는 '방관자 효과'예요. 이를 '구경꾼 효과'라고도 하지요. 만약 구조를 요청할 때 주변에 사람이 많다면 꼭 한 사람을 지목해서 말하는 게 좋아요.

고사성어 더하기

➕ **다기망양**(多岐亡羊)
'갈림길이 많아 잃어버린 양을 찾지 못한다'는 뜻으로, 두루 섭렵하기만 하고 전공하는 바가 없어 끝내 성취하지 못함을 이르는 말.

➕ **익자삼우**(益者三友)
'사귀면 자기에게 도움이 되는 세 친구'라는 뜻으로, 심성이 곧은 사람과 믿음직한 사람, 문견이 많은 사람을 이름.

13 대기만성

'큰 그릇을 만드는 데는 시간이 오래 걸린다'는 뜻이에요. 크게 될 사람은 늦게 이루어짐을 이르거나 오랜 시간이 흐른 뒤에 성공하는 일을 나타내는 말이랍니다.

나 태권도 승급 심사에서 떨어졌어. ㅠㅠ

정말? 어떡해.

다들 붙었는데 나만 떨어졌어. ㅠㅠ

너무 속상하겠다.

태권도 선수의 꿈을 포기해야 하는 건가.

포기는 배추를 셀 때나 쓰는 말이라고!

뭐?

너무 걱정 마. 넌 대기만성할 거니까.

고맙다. 영희 너밖에 없어.

축 철수 할아버지 승급!

드디어 해냈어!

철수야, 그래도 80세는 안 넘겼어.

大	器	晚	成
큰 대	그릇 기	늦을 만	이룰 성

▲ 대기만성 위인 이순신과 거북선

큰 종이나 솥은 쉽게 만들지 못한다

중국 위나라에 최염이라는 장군과 그의 사촌 동생 최림이 있었어요. 집안 어른들은 공부도 못하고 무예도 뛰어나지 않은 최림을 못마땅하게 생각했지요. 하지만 최염은 최림을 높이 평가하며 "큰 종이나 솥은 쉽게 만들지 못한다. 큰 인재도 이와 마찬가지인데, 최림은 대기만성형의 사람이니 후일에는 반드시 큰 인물이 될 것이다."라고 말했어요. 훗날 최림은 임금을 보필하는 자리까지 오르게 되었답니다.

대표적인 대기만성 인물

• **이순신**
이순신은 어린 시절 문과 공부를 하다 결혼 후, 무과 시험에 응시했으나 말에서 떨어져 왼쪽 다리가 부러져 탈락했어요. 32세가 되는 해에야 다시 무과 시험을 보고 합격한 이순신은 임진왜란에서 왜군을 물리치는 데 큰 공을 세웠지요.

• **토머스 에디슨**
에디슨은 학업 능력이 떨어지고, 매우 산만하며 엉뚱하다는 이유로 학교 친구들과 선생님들로부터 괄시를 받았어요. 하지만 에디슨은 어머니의 가르침을 받으며 하루 15시간이 넘는 노력으로 미국의 발명왕이 되었어요.

• **윈스턴 처칠**
처칠은 어린 시절 말썽꾸러기에다 공부도 못해서 겨우겨우 학교를 졸업했어요. 하지만 관심 분야인 역사에 능통했고, 정치인이 되어 결국 영국의 총리까지 되지요. 그리고 제2차 세계 대전을 승리로 이끄는 데 큰 역할을 했어요.

째깍째깍, 1만 시간의 법칙

대기만성형 사람이 되기 위해서는 많은 노력과 시간이 필요해요. 심리학자 앤더스 에릭슨의 논문에 처음 등장하고, 신경 과학자 다니엘 레비틴이 과학적으로 증명한 '1만 시간의 법칙'은 어떤 분야의 전문가가 되기 위해서는 최소한 1만 시간 정도의 훈련이 필요하다는 법칙이에요. 1만 시간은 하루에 세 시간씩 노력한다고 했을 때 약 십 년이 걸리는 시간이지요. 물론 같은 1만 시간이라고 하더라도 연습의 질이나 집중하는 정도 등에 따라 결과가 달라지지만 1만 시간을 한 가지 분야에 쓰는 것 자체가 쉬운 일은 아니겠지요?

고사성어 더하기

➕ **성사재천**(成事在天)
일의 성사 여부는 하늘에 달려 있다는 말.

14 도원결의

'복숭아나무 밭에서 형제의 의리를 맺는다'는 말이에요. 뜻이 맞는 사람끼리 자신의 욕심을 버리고 한 가지 목적을 이루기 위해 마음을 합쳐 행동을 같이할 것을 약속한다는 뜻이에요.

- 우리는!
- 영원히!
- 하나다!
- ㅋㅋㅋ.

영어 ○철수 50
○정우 50
영어 ○오성 50

— 정우랑 영어 캠프 가기로 했다며?
— 응. 오성이도 같이.
— 영어 싫어하는 애들이 웬 영어 캠프?
— 일종의 도원결의를 한 셈이지.
— 무슨 꿍꿍이가 있나 본데.
— 그런 거 없거든.
— 아, 알았다. 셋이서 모여 놀려고 하는 거구나!
— 헉, 어떻게 알았지? 역시 귀신이야.

떨떨떨

영희

비슷한 한자 성어

결의형제(結義兄弟) : 의로써 형제의 관계를 맺음. 또는 그렇게 관계를 맺은 형제.
結 맺을 결 義 옳을 의 兄 형 형 弟 아우 제

桃	園	結	義
복숭아 도	동산 원	맺을 결	옳을 의

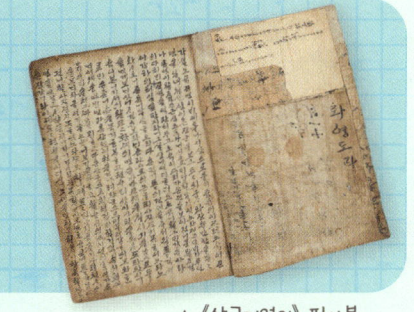

▲ 《삼국지연의》 필사본

복숭아나무 밭에서 맺은 의형제

《삼국지연의》에 나오는 이야기예요. 후한 말 국정은 어지럽고 흉년으로 먹을 것이 없자 백성들의 원성이 자자했어요. 정부에서는 이들을 진압하기 위해 군사를 모집했지요. 이에 나랏일을 걱정하던 유비, 관우, 장비 세 사람은 서로의 뜻이 같음을 확인하고 복숭아나무 밭에서 의형제를 맺고, 어려운 백성들을 도우며 한마음 한뜻으로 나라를 위해 일하기로 맹세했어요.

역사 소설 《삼국지연의》

중국의 위·촉·오 삼국의 역사를 기록한 《삼국지》는 진나라의 학자 진수가 쓴 책이에요. 이 《삼국지》를 바탕으로 원나라의 작가 나관중이 웅장함과 극적인 요소를 더하고 재구성해 장편 소설 《삼국지연의》를 펴냈지요. 이 소설은 유비, 관우, 장비가 도원결의하는 것에서 시작하여 오나라의 손호가 항복하여 천하가 통일될 때까지의 역사적 사건을 소설체로 풀어냈어요.

《삼국지연의》의 장면과 인물들을 그린 〈삼국지연의도〉 10폭 병풍 중 〈도원결의〉 부분▼

복숭아나무

복숭아나무의 원산지는 중국이에요. 중국에서는 일찍부터 복숭아나무를 널리 재배해 왔는데, 주로 열매를 먹고 약으로도 사용하고 땔감으로도 썼어요. 복숭아나무는 연평균 기온이 섭씨 11~15도 되는 지역에서 잘 자라요. 4~5월에 꽃이 피고 8월에 열매를 맺지요. 온대 기후인 우리나라 역시 전국에서 복숭아나무가 재배되고 있어요.

귀신을 쫓는 복숭아

우리나라에서는 예부터 복숭아나무와 복숭아가 귀신을 쫓는다고 믿었어요. 그래서 집 안에 복숭아나무 심는 것을 금기하였으며, 조상신이 복숭아 때문에 집 안으로 들어오지 못한다고 생각해 제사상에도 복숭아를 올리지 않았어요. 또한 복숭아나무에서 동쪽으로 뻗은 가지는 그 힘이 더 강한 것으로 여겨 귀신뿐만 아니라 음식의 맛이 나빠지는 것도 막아 준다고 믿었지요.

◀복숭아가 달린 복숭아나무

고사성어 더하기

➕ **원망추조(園莽抽條)**
동산의 풀은 땅속 양분으로 가지가 뻗고 크게 자람.

15 동병상련

'같은 병을 앓는 사람끼리 서로 가엾게 여긴다'는 뜻이에요. 어려운 처지 또는 비슷한 처지에 있는 사람끼리 서로 잘 이해하고 자기 일처럼 딱하게 여긴다는 말이지요.

부탁한다, 영희야~.

무슨 소리? 학교는 가야지!

학교 가기 싫다고!

으악! 내 발바닥에 티눈이 생겼어.

헉!

걷지도 못하겠어.ㅠ

내일 학교 갈 때 내가 부축해 줄게.

정말?

동병상련 우정으로!

너도 티눈 난 적 있어?

그럼. 난 수술까지 했는걸.

우아, 대단해!

비슷한 한자 성어

🔁 **동기상구**(同氣相求) : '기풍을 같이하는 사람은 서로 응하여 울린다'는 뜻으로, 마음이 맞는 사람끼리는 서로 찾아 자연히 모인다는 말.

同 한가지 동　氣 기운 기　相 서로 상　求 구할 구

🔁 **동성상응**(同聲相應) : '같은 소리끼리는 서로 응하여 울린다'는 뜻으로, 같은 의견을 가진 사람은 서로 친해진다는 말.

同 한가지 동　聲 소리 성　相 서로 상　應 응할 응

🔁 **동주상구**(同舟相救) : '같은 배를 탄 사람끼리 서로 돕는다'는 뜻으로, 같은 운명이나 처지에 놓이면 아는 사람이나 모르는 사람이나 서로 돕게 됨을 이르는 말.

同 한가지 동　舟 배 주　相 서로 상　救 구원할 구

🔁 **양과분비**(兩寡分悲) : '두 과부가 슬픔을 서로 나눈다'는 뜻으로, 같은 처지에 있는 사람끼리 서로 동정함을 이르는 말.

兩 두 양　寡 적을 과　分 나눌 분　悲 슬플 비

同	病	相	憐
한가지 동	병 병	서로 상	불쌍히 여길 련(연)

나와 같은 처지

《오월춘추》〈합려내전〉에 나오는 이야기예요. 중국 초나라 사람 오자서는 아버지와 형이 역적의 누명을 쓰고 죽임을 당하자 오나라로 망명했어요. 그리고 오나라 왕의 신임을 얻어 초나라에 복수를 하지요. 그때 초나라에서 오자서의 아버지와 같은 사연으로 억울하게 죽은 백주리의 아들 백비가 오자서를 찾아왔어요. 오자서는 그를 한 번 보고는 왕에게 말하여 벼슬자리에 앉혔어요. 사람들이 의아해하자, 오자서는 "그는 나와 같은 처지에 있기 때문이오."라고 말했지요.

몸이 아파요!

우리 몸에 생기는 모든 병을 가리켜 '질병'이라고 해요. 정상적인 신체 기능에 이상이 생기는 상태를 말하지요. 질병은 크게 박테리아(세균), 바이러스, 기생충 등 병원체가 침입하여 감염되는 독감, 수두, 결핵, 장염과 같은 감염성 질환과 병원체의 감염 없이 생기는 심장병, 고혈압, 백혈병 등의 비감염성 질환으로 나눌 수 있어요.

어린이에게 발생할 수 있는 질병들

소화기 전염 질병	콜레라, 이질, 장티푸스, 소아마비 등
호흡기 전염 질병	홍역, 백일해, 폐렴, 결핵, 감기 등
피부 전염 질병	파상풍, 뇌염, 말라리아 등

예방 접종이 중요해!

공기 중에는 아주 작은 병균이 떠다니는데, 이 병균이 건강한 사람의 몸에 들어가서 질병을 일으키지요. 이러한 질병을 예방하기 위해서 우리는 예방 접종을 해요. 병의 원인이 되는 박테리아, 바이러스, 기생충 등의 병원 미생물을 '병원체'라고 해요. 이 병원체를 배양하여 독성을 약화시켜서 만든 것이 '백신'이고, 병에 걸리기 전에 백신을 주사하여 몸속에 항체가 만들어지게 하지요. 우리 몸은 이를 기억해 두었다가 실제 병원체가 들어왔을 때 빠르게 병원체를 없애 병에 걸리지 않도록 하는 거예요.

고사성어 더하기

➕ **병입고황(病入膏肓)**
병이 고치기 어렵게 몸속 깊이 듦.

16 등용문

'용문에 오른다'는 뜻이에요. 어려운 관문을 통과하여 크게 출세하게 됨을 이르거나 성공하여 세상에 이름을 떨치는 입신출세의 관문이라는 의미로 쓰인답니다.

저기만 통과하면!

파닥파닥

이번에 국제 피아노 콩쿠르가 우리나라에서 열린대.

나가려고?

당연하지. 그 대회가 영재 피아니스트 등용문인걸.

경쟁 완전 치열하겠다.

나 어떡해. 벌써 떨려!

워워, 진정하고 어서 연습해.

응.

상 타면 한 턱 쏴라.

그럼 당연하지. 두 턱, 세 턱, 네 턱 쏠게!

반대되는 한자 성어

● **점액(點額)** : '이마에 상처를 입는다'는 뜻으로, 시험에 낙제함을 이르는 말.
點 점 점   額 이마 액

登龍門

登	龍	門
오를 등	용 용(룡)	문 문

▲ 숭례문의 청룡과 황룡 그림

급류를 타고 넘으면 용이 된다

《후한서》〈이응전〉에 나오는 이야기예요. 후한 말의 관리 이응은 퇴폐한 환관들 틈에서 흔들림 없이 절개와 지조를 지키며 태학의 학생들 사이에 모범이 되었어요. 그래서 이응과 친분을 갖거나 그의 추천을 받는 것을 대단한 명예로 삼아 이를 '등용문'이라 칭했지요. 여기에 나오는 용문은 황허강 상류에 있는 협곡의 이름으로서 물의 흐름이 아주 빨라 큰 물고기도 거슬러 오르지 못한다고 전해지는 곳이에요. 만일 잉어가 그 급류를 타고 넘으면 용이 된다고 하였지요. 그 후 용문으로 오른다는 것은 어려운 난관을 극복하고 출세의 문턱에 서게 되는 것을 의미하게 되었답니다.

불을 내뿜는 용

상상의 동물인 용은 거대한 뱀의 몸을 하고, 네 개의 발을 가지며 사슴의 뿔, 소의 귀 모양을 한 것으로 묘사되지요. 코와 입에서 불이나 독을 내뿜으며, 몸의 색깔은 녹색, 붉은색, 누런색, 흰색, 검은색 등으로 나타내요. 주로 깊은 못이나 늪, 호수, 바다 등의 물속에 살고 긴 시간이 흐르면 하늘로 올라간다고 전해져요.

고사성어 더하기

- **등고자비(登高自卑)**
  '높은 곳에 오르려면 낮은 곳에서부터 오른다'는 뜻으로, 일을 순서대로 하여야 함을 이르는 말.

- **용호상박(龍虎相搏)**
  '용과 범이 서로 싸운다'는 뜻으로, 강자끼리 서로 싸움을 이르는 말.

- **문외한(門外漢)**
  어떤 일에 전문적인 지식이 없는 사람을 가리키는 말.

임금과 용

- **용안** : 임금의 얼굴을 높여 이르는 말이에요.
- **용포** : 임금이 입던 정복을 말해요. 누런빛이나 붉은빛의 비단으로 지었으며, 가슴과 등과 어깨에 용의 무늬를 수놓았어요.
- **용상** : 임금이 정무를 볼 때 앉던 평상을 말해요.
- **용대기** : 임금이 거동할 때에 행렬의 앞에 세우던 기를 가리키는 말이에요.

◀ 영친왕의 둘째 아들 구가 입었던 자주색 용포
▼ 경복궁 근정전의 용상

17 마이동풍

'말의 귀를 스치는 동풍'이라는 뜻이에요. 다른 사람의 말이나 의견을 귀담아듣지 않고 지나쳐 흘려버림을 의미하는 고사성어예요.

비슷한 한자 성어

🔸 **대우탄금(對牛彈琴)** : '소를 마주 대하고 거문고를 탄다'는 뜻으로, 어리석은 사람에게는 깊은 이치를 말해 주어도 알아듣지 못하므로 아무 소용이 없음을 이르는 말.
對 대할 대　牛 소 우　彈 퉁길 탄　琴 거문고 금

🔸 **여풍과이(如風過耳)** : '바람이 귀를 스쳐 지나가는 듯 여긴다'는 뜻으로, 남의 말을 귀담아듣지 않는 태도를 이르는 말.
如 같을 여　風 바람 풍　過 지날 과　耳 귀 이

🔸 **우이독경(牛耳讀經)** : '쇠귀에 경 읽기'라는 뜻으로, 아무리 가르치고 일러 주어도 알아듣지 못함을 이르는 말.
牛 소 우　耳 귀 이　讀 읽을 독　經 글 경

馬	耳	東	風
말 마	귀 이	동녘 동	바람 풍

문인의 말에 귀 기울이지 않는 나라

당나라 때의 시인 이백이 친구 왕십이에게 보낸 〈답왕십이한야독작유회〉라는 시에 나오는 말이에요.
세상 사람들 이 말을 듣고 모두 머리를 흔드네
마치 동풍이 말의 귀를 스쳐 가는 것 같으리
이백은 이 시를 통해 당시 무인을 높이 평가하고 문인의 말에는 귀 기울이지 않는 당나라의 세태를 에둘러 표현했어요.

못 알아듣는 소

마이동풍과 비슷한 뜻을 가진 우리나라 속담으로 '쇠귀에 경 읽기'가 있어요. 소의 귀에 대고 불교의 가르침을 담은 책인 경을 읽어 봐야 단 한 마디도 알아듣지 못한다는 뜻이에요. 아무리 가르치고 일러 주어도 알아듣지 못하거나 효과가 없는 경우에 쓰는 속담이랍니다.

동쪽에서 부는 바람

바람은 기압의 변화에 따라 일어나는 공기의 움직임을 말하는데, 기압이 높은 곳에서 낮은 곳으로 불어요. 동풍은 동쪽에서 부는 바람을 뜻해요. 동쪽은 고기압이고, 서쪽은 저기압일 때 동풍이 불지요. 또 동풍에는 봄철에 불어오는 바람이라는 뜻도 있어요. 예로부터 동쪽은 봄, 사랑, 기쁨을 상징했는데, 봄에 따뜻하게 부는 바람을 동풍이라고 한 거예요.

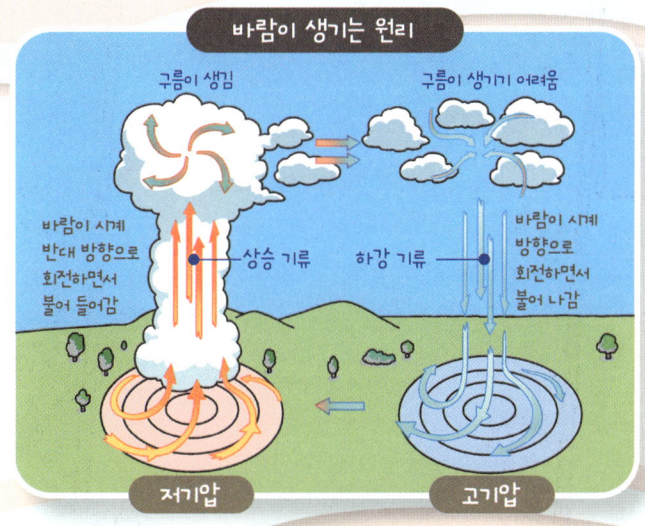

청력이 뛰어난 말

말은 청력이 아주 뛰어난 동물이에요. 귀에 16개의 근육이 분포되어 있어 귀를 180도로 움직여 모든 방향에서 들려오는 소리를 들을 수 있어요. 사람은 느낄 수 없는 아주 작은 소리나 미세한 지진의 진동까지도 감지할 수 있다고 해요.

고사성어 더하기

➕ **풍수지탄(風樹之歎)**
효도를 다하지 못한 채 어버이를 여읜 자식의 슬픔을 이르는 말.

➕ **마혁과시(馬革裹屍)**
'말가죽으로 자기 시체를 싼다'는 뜻으로, 싸움터에 나가 살아 돌아오지 않겠다는 결의를 비유적으로 이르는 말.

18. 맹모삼천지교

'맹자의 어머니가 아들을 가르치기 위하여 세 번이나 이사를 했다'는 뜻이에요. 그만큼 교육의 환경이 중요하고, 자식의 교육을 위해서는 어떤 어려운 일도 할 수 있다는 말이랍니다.

[영희] 철수야, 나 수정동으로 이사 가.
[철수] 갑자기?
[영희] 수정동에 술술 국어 학원 너도 알지? 우리 엄마가 거기 특별반 보낸대.
[철수] 맹모삼천지교 실천하시는 거야?
[영희] 난 진짜 가기 싫은데.
[철수] 그러다가 결국 우리 동네로 다시 오겠지.
[영희] 왜?
[철수] 아무리 학원 다녀도 네 성적은 제자리일 테니까. ㅋㅋ
[영희] 뭐? 우이씨!

— 놀자 P.C방
— 우린 옆 동네로 이사 갑니다.
— 수정동 OO번지
— 딸, 가서 짐 싸자!
— 국어학원
— 어제 이사 왔는데 또 이사 가요?

같은 한자 성어
- 맹모삼천(孟母三遷)
- 삼천지교(三遷之敎)

孟母三遷之教

孟	母	三	遷	之	敎
맏 맹	어머니 모	석 삼	옮길 천	어조사(갈) 지	가르칠 교

자식을 위해 세 번 이사한 어머니

《후한서》〈열녀전〉에 나오는 이야기예요. 맹자가 어렸을 때 묘지 근처로 이사를 갔어요. 맹자가 장사 지내는 것을 보고 곡하는 소리를 흉내 내자 맹자 어머니는 자식 교육에 좋지 않다고 생각하고 집을 시장 근처로 옮겼어요. 그러자 이번엔 맹자가 상인의 흉내를 냈어요. 맹자의 어머니는 다시 글방이 있는 곳으로 이사를 했지요. 맹자가 곧 글 읽는 흉내를 내자, 맹자의 어머니는 이곳이야말로 자식을 기르기에 알맞은 곳이라 여겼어요.

공자를 이어받은 맹자

▲ 맹자

맹자는 중국 전국 시대에 추나라에서 태어났어요. 맹자는 인(仁)을 중요하게 여긴 공자의 사상을 이어받아 인에 의(義)를 더해 '인의'를 강조했어요. 당시 정치적 분열로 나라가 어지러웠는데, 맹자는 국난을 극복할 수 있는 유일한 방법으로 인의의 덕(德)을 바탕으로 하는 '왕도 정치'를 제시했지요. 왕도 정치는 덕망 있는 사람이 천하를 다스려야 한다는 정치사상이에요. 또 성인이 되기 위해서는 지속적인 도덕적 수양과 실천이 필요하다고 했어요.

베를 끊은 맹자의 어머니

맹자의 어머니와 관련된 또 다른 고사성어로 '맹모단기(孟母斷機)'가 있어요. 《후한서》〈열녀전〉에 나오는 이야기로, 맹자가 학문을 닦던 중 갑자기 중단하고 집으로 돌아왔을 때예요. 맹자의 어머니는 베틀로 옷감을 짜고 있었지요. 맹자를 본 어머니는 짜고 있던 베틀의 실을 끊으며 학문을 중도에 그만두는 것이 이와 같다고 맹자에게 훈계했지요. 맹자는 자신의 잘못을 깨닫고 다시 학문에 정진하게 되었다고 전해요.

고사성어 더하기

- **모원단장(母猿斷腸)**
  '어미원숭이의 창자가 끊어졌다'는 뜻으로, 창자가 끊어지는 것 같은 슬픔, 애통함을 형용해 이르는 말.

- **교학상장(敎學相長)**
  가르치고 배우는 과정에서 스승과 제자가 함께 성장함.

◀ 베틀

모순

'창과 방패'라는 뜻으로, 어떤 말이나 행동의 앞뒤가 이치상 어긋나서 서로 맞지 않음을 이르는 말이에요.

이젠 항복하시지?

챙챙챙챙

너야말로!

챙챙챙챙×1000

> 만화책 <빌리윌리> 좀 빌려줘.

다 팔아서 없어.

> 뭐? 열 권을 다 팔았다고?

응.

> 그런 모순이 어디 있어.

그게 왜 모순이야?

> 만화책은 무조건 소장해야 한다며.

불우 이웃 돕기 바자회에 냈지.

> 오, 철수가 드디어 철들었네.

비슷한 한자 성어

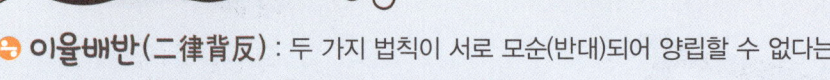

- **이율배반(二律背反)**: 두 가지 법칙이 서로 모순(반대)되어 양립할 수 없다는 뜻.
  二 두 이 律 법칙 율 背 등 배 反 돌이킬 반

- **자가당착(自家撞着)**: 같은 사람의 말이나 행동이 앞뒤가 서로 맞지 않고 모순됨.
  自 스스로 자 家 집 가 撞 칠 당 着 붙을 착

- **자기모순(自己矛盾)**: 스스로의 생각이나 주장이 앞뒤가 맞지 않음.
  自 스스로 자 己 몸 기 矛 창 모 盾 방패 순

矛 盾
창 모   방패 순

▲ 멧돼지 등을 잡을 때 쓰던 창

◀ 앞면에 용이 그려져 있는 나무와 가죽으로 만든 조선 시대의 M자 모양 방패

창과 방패의 대결

《한비자》〈난일난세〉에 나오는 이야기예요. 중국 전국 시대 초나라에 방패와 창을 파는 상인이 있었어요. 상인이 방패를 들고 "이 방패는 명인이 만든 것으로 아무리 날카로운 창으로 찔러도 끄떡도 하지 않습니다."라고 말했어요. 그러고는 창을 집어 들더니 "여러분, 이 창은 천하일품이오. 아무리 튼튼한 방패라도 뚫리고 말지요." 하고 말했지요. 그러자 상인의 말을 듣고 있던 한 노인이 "어떤 방패도 뚫어 버리는 창으로 어떤 창도 뚫지 못하는 방패를 찌르면 도대체 어느 쪽이 이기는 건가?"라고 물었죠. 노인의 말을 들은 상인은 그만 말문이 막혀 달아나고 말았답니다.

내 창을 받아라!

창은 긴 나무 자루 끝에 날이 선 뾰족한 쇠촉을 박아서 던지고 찌르는 데에 쓰던 무기예요. 선사 시대에는 사냥 도구로 쓰다가 청동기 시대부터는 전투용으로 만들어졌지요. 처음에는 긴 나무 막대 끝을 뾰족하게 다듬어서 만들었어요. 그러다가 나무 막대 끝에 뿔이나 뼈, 돌, 금속을 달아 더욱 날카롭고 단단하게 만들었지요.

방패로 막아 주지!

방패는 전쟁 때 적의 칼, 창, 화살 등을 막는 데 쓰던 무기예요. 손에 쥐어 몸을 보호하거나 전쟁터에서 진을 칠 때 땅에 놓고 사용했지요. 처음에는 나무나 나무껍질을 엮어 만들었지만, 점점 가죽, 철 등으로 소재가 강화되었어요. 또 방패에는 신화 속 괴물이나 신을 그려 넣었고, 천마·뱀·사자 등의 동물을 문양으로 새겼어요. 방패의 문양이 적에게 공포심을 일으키고 자신에게 승리를 가져다준다고 믿었기 때문이에요.

모순 관계에 있는 두 속담

'시작이 반이다'와 '못 오를 나무는 쳐다보지도 말라'는 서로 모순 관계에 있는 속담이에요. '시작이 반이다'는 무슨 일이든 시작하기가 어렵지 일단 시작하면 끝마치기는 쉽다는 것을 뜻하고, '못 오를 나무는 쳐다보지도 말라'는 자기 능력 밖의 불가능한 일은 처음부터 욕심을 내지 말라는 뜻이지요.

겉과 속이 반대인 '아이러니'

모순과 비슷한 뜻을 가진 말로 '아이러니'가 있어요. 아이러니는 표현의 효과를 높이려고 실제와 반대되는 뜻의 말을 하는 거예요. 못난 사람을 보고 '잘났어'라고 하거나 잘못한 일을 한 사람을 두고 '잘한다'라고 하는 것 등이 아이러니에 해당해요.

무릉도원

'무릉에 있는 복숭아꽃이 핀 세계'라는 뜻이에요. 이 세상과는 다른 이상향이나 별천지를 비유적으로 이르는 말이랍니다.

비슷한 한자 성어

- **도원경(桃源境)** : '복숭아꽃 피는 아름다운 곳'이란 말로, 이 세상이 아닌 무릉도원처럼 아름다운 경지.

  桃 복숭아 도   源 근원 원   境 지경 경

- **별유건곤(別有乾坤)** : 좀처럼 볼 수 없는 아주 좋은 세상. 또는 딴 세상.

  別 다를 별   有 있을 유   乾 하늘 건   坤 땅 곤

- **이상향(理想鄉)** : 사람이 상상해 낸 최선의 상태를 갖춘 완전한 사회.

  理 다스릴 이   想 생각 상   鄉 시골 향

武	陵	桃	源
굳셀 무	언덕 릉	복숭아 도	근원 원

노인부터 아이까지 모두 편안한 세상

도연명의 〈도화원기〉에 나오는 이야기예요. 중국 진나라 때 무릉에 살고 있는 한 어부가 배를 타고 고기를 잡으러 나갔어요. 한참 후 낯선 곳에 다다랐는데 복숭아나무 숲이 드넓게 펼쳐진 그곳은 달콤한 복숭아꽃의 향기로 가득했지요. 어부가 다시 배를 저어 갔더니 산에 난 작은 굴이 보였어요. 어부는 배에서 내려 굴로 들어갔고, 굴 끝에 탁 트인 땅이 나오면서 잘 정돈된 집들과 기름진 논밭이 나타났어요. 그곳의 사람들은 백발이 성성한 노인부터 아이까지 모두 희희낙락하며 편안해 보였어요. 어부는 집으로 돌아오는 길에 다시 찾을 수 있도록 표시를 해 두었는데, 며칠 후 다시 그곳을 찾았으나 표시해 둔 것이 사라져 다시는 찾을 수 없었어요.

▲ 안견, 〈몽유도원도〉, 1447년, 일본 덴리 대학교

▲ 얀 브뢰헐, 〈파라다이스〉, 1650년경, 베를린 국립 회화관

몽유도원도

무릉도원을 그린 그림을 '무릉도원도'라고 하는데, 동양의 많은 화가가 가지도, 보지도 못한 이상향을 상상만으로 그려 냈지요. 특히 안견이 그린 〈몽유도원도〉는 무릉도원을 그린 그림 중 최고의 걸작으로 꼽히는 작품이에요. 1447년 조선 세종 때에 신비로운 도원경을 거닌 안평 대군의 꿈 이야기를 듣고 안견이 이틀 만에 그린 것이라고 해요.

파라다이스, 유토피아

서양의 '파라다이스'와 '유토피아'는 무릉도원과 비슷한 뜻을 가진 말이에요. 파라다이스는 걱정이나 근심 없이 행복을 누릴 수 있는 곳을 말하고, 유토피아는 인간이 생각할 수 있는 완전한 사회를 말해요. 실제로는 존재하지 않는 이상향을 가리키는 말이랍니다.

> **고사성어 더하기**
>
> ➕ **원청즉유청(源淸則流淸)**
> '물의 근원이 맑으면 하류의 물도 맑다'는 뜻으로, 임금이 바르면 백성도 바름을 이르는 말.

21 문전성시

'대문 앞이 시장을 이룬다'는 뜻이에요. 찾아오는 사람이 많아 세도가의 집 문 앞이 시장처럼 붐비는 것을 이르는 말이지요.

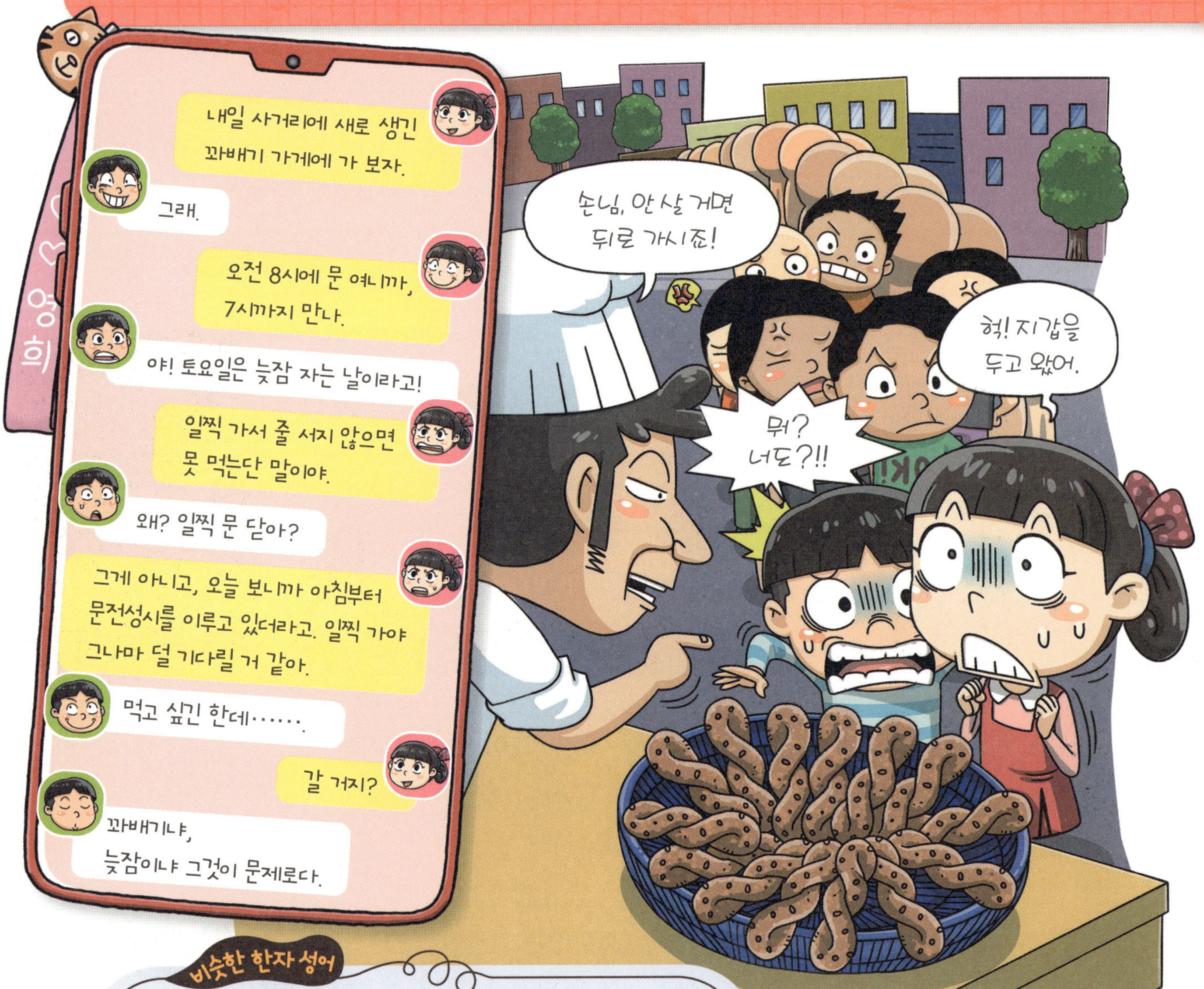

- 내일 사거리에 새로 생긴 꽈배기 가게에 가 보자.
- 그래.
- 오전 8시에 문 여니까, 7시까지 만나.
- 야! 토요일은 늦잠 자는 날이라고!
- 일찍 가서 줄 서지 않으면 못 먹는단 말이야.
- 왜? 일찍 문 닫아?
- 그게 아니고, 오늘 보니까 아침부터 문전성시를 이루고 있더라고. 일찍 가야 그나마 덜 기다릴 거 같아.
- 먹고 싶긴 한데……
- 갈 거지?
- 꽈배기냐, 늦잠이냐 그것이 문제로다.

비슷한 한자 성어

🔸 **문정약시(門庭若市)** : '대문 안뜰이 시장 같다'는 뜻으로, 집에 드나드는 사람이 많음을 이르는 말.

門 문 문 庭 뜰 정 若 같을 약 市 저자 시

門	前	成	市
문 문	앞 전	이룰 성	저자 시

▲ 우리나라에서 가장 오래된 역사서인 《삼국사기》

사람들로 붐벼 늘 시장과 같다

《한서》〈정숭전〉에 나오는 이야기예요. 중국 한나라에 정숭이라는 어진 신하가 있었어요. 정숭은 임금 애제에게 충언을 아끼지 않으며 보필했지요. 그러나 정숭을 모함하려는 간신들이 정숭의 집 앞이 사람들로 붐벼 늘 시장과 같다고 말하며, 그가 사람들을 모아 무슨 일을 꾸미는 것 같다고 거짓을 고했어요. 그러자 임금은 정숭을 감옥에 가두었고, 정숭은 결국 죽고 말았지요.

우리나라 최초의 시장

우리 문헌에 나타나는 최초의 시장은 신라 21대 왕인 소지왕 때 세워졌다고 해요. 김부식이 지은 《삼국사기》를 보면 이 해에 "처음으로 서울에 시장을 열어 사방의 물화를 통하게 하였다."라는 글귀가 나와요. 여기서 서울은 신라의 서울인 경주를 말해요. 하지만 일부 역사학자들은 이보다 더 오래전인 고조선 때부터 시장이 있었을 것으로 추측하기도 해요.

조선 시대 3대 장터

- **평양장** : 육로와 잘 통하고, 서해안과 가까운 데다, 중국으로 가는 길목에 위치해 지리적으로 최적의 조건을 갖춘 시장이었어요. 북부 지방에서 규모가 가장 컸어요.
- **강경장** : 금강 하구에 있는 장터였어요. 매월 4일, 14일, 24일과 9일, 19일, 29일에 장이 열렸는데, 금강을 이용한 주변 작물의 운반과 판매로 크게 번창했어요.
- **대구장** : 대구 읍성 북문 밖에 자리 잡은 작은 장이었어요. 임진왜란과 정유재란 중에 필요한 물자를 대어 주면서 장이 크게 발달했어요.

▲ 대구장

반대되는 한자 성어

문전성시와 반대되는 의미를 가진 한자 성어로 '문전작라(門前雀羅)'가 있어요. 문 앞에 참새 그물을 친다는 뜻으로, 권력이나 재물을 잃으면 찾아오는 사람이 드물어짐을 이르는 말이랍니다.

고사성어 더하기

➕ **전거후공**(前倨後恭)
'처음에는 거만하다가 나중에는 공손하다'는 뜻으로, 상대의 입지에 따라 태도가 변하는 것을 이르는 말.

22 반포지효

'까마귀 새끼가 자라서 늙은 어미에게 먹이를 물어다 주는 효'라는 뜻이에요. 자식이 자란 후에 어버이의 은혜를 갚는 효성을 이르는 말이랍니다.

비슷한 한자 성어

- **반의지희(斑衣之戲)**: '때때옷을 입고 하는 놀이'라는 뜻으로, 늙어서 효도함을 이르는 말.

    斑 아롱질 반   衣 옷 의   之 갈 지   戲 놀이 희

- **혼정신성(昏定晨省)**: '밤에는 부모의 잠자리를 보아 드리고 이른 아침에는 부모의 밤새 안부를 묻는다'는 뜻으로, 부모를 잘 섬기고 효성을 다함을 이르는 말.

    昏 어두울 혼   定 정할 정   晨 새벽 신   省 살필 성

反	哺	之	孝
돌이킬 반	먹일 포	어조사(갈) 지	효도 효

▲ 까마귀 알

어미의 은혜에 보답하는 까마귀

《진정표》에 나오는 이야기예요. 진나라의 황제가 신하 이밀에게 높은 관직을 내렸어요. 하지만 이밀은 늙은 할머니를 봉양하기 위해 관직을 거절했지요. 이에 황제가 크게 화를 내며 관직을 맡을 것을 명령했어요. 그러자 이밀은 까마귀가 어미 새의 은혜에 보답하는 것처럼 할머니가 돌아가시는 날까지만 봉양하게 해 달라고 말했답니다.

뭐든지 잘 먹어요!

까마귀는 무엇이든지 잘 먹는 잡식성이에요. 나무의 열매나 곡식 등의 식물성 먹이를 먹고 파리, 벌, 딱정벌레 등의 곤충류도 먹어요. 또 들쥐, 개구리, 물고기나 다른 새의 알과 새끼도 잡아먹고 죽은 동물의 사체를 먹기도 해서 '숲속의 청소부'라는 별명을 가지고 있지요.

《본초강목》▼

▼까마귀

어미를 먹여 살리는 까마귀

까마귀는 한 번에 네댓 개의 알을 낳아요. 약 20일 정도 알을 품으면 새끼가 부화하는데, 부화한 지 한 달이 지나면 둥지를 떠나요. 하지만 어린 까마귀는 둥지를 떠난 뒤에도 얼마 동안 어미와 함께 생활해요. 명나라 말기의 박물학자 이시진이 지은 《본초강목》에 이러한 까마귀의 습성이 적혀 있어요. '까마귀는 부화한 지 60일 동안은 어미가 새끼에게 먹이를 물어다 주지만 이후 새끼가 다 자라면 먹이 사냥에 힘이 부친 어미를 먹여 살린다.'라고 되어 있지요. 그래서 까마귀를 '자오(인자한 까마귀)' 또는 '반포조'라고 부르기도 해요.

고사성어 더하기

➕ **반객위주(反客爲主)**
'손님이 도리어 주인 노릇을 한다'는 뜻으로, 수동적인 상황에서 틈을 노려 주도권을 빼앗음을 이르는 말.

➕ **반구저기(反求諸己)**
'잘못을 자신에게서 찾는다'는 뜻으로 어떤 일이 잘못되었을 때 남의 탓을 하지 않고 그 일이 잘못된 원인을 자기 자신에게서 찾아 고쳐 나간다는 의미.

23 배수진

'물(강이나 바다)을 등지고 군사들을 배치한다'는 뜻이에요. 물러설 곳이 없어 목숨을 걸고 싸울 수밖에 없는 지경으로, 어떤 일을 성취하기 위하여 더 이상 물러설 수 없음을 비유적으로 이르는 말이지요.

영희

- 내일 9시에 학교 앞 소나무에서 만나.
- 왜?
- 100년 된 소나무 베고 큰 도로를 낼 거래.
- 헉! 정말이야?
- 응. 시에서 그렇게 결정 났대.
- 그런데 우리가 할 수 있는 일이 있을까?
- 배수진이라도 쳐야지.
- 어떻게?
- '소나무 지키기' 피켓 만들어서 시위하기로 했어.
- 알았어. 꼭 갈게.

고마워, 애들아~.

소나무 지키기!

같은 한자 성어

= 배수지진(背水之陣)

背水陣
등 배 / 물 수 / 진칠 진

▲ 〈학익진도〉 등이 들어 있는 《우수영전진도첩》

강을 뒤에 둔 병사들은 물러설 수 없다

《사기》〈회음후열전〉에 나오는 이야기예요. 중국 한나라의 무장 한신이 군을 이끌고 조나라에 쳐들어갔어요. 한신의 작전은 먼저 군이 뒤로 물러나는 것처럼 속여 조나라 군이 추격해 올 때 몰래 숨어 있던 군사로 성을 차지하는 거였어요. 뒤로 물러난 군은 강을 등지고 진을 치고 있었는데, 이것이 한신의 두 번째 작전이었어요. 강을 뒤에 둔 병사들이 물러서지 못하고 힘을 다하여 싸우도록 하여 조나라의 군사를 물리쳤지요.

◀ 한신

뛰어난 전략가, 한신

군사들을 배치하는 것을 '진'이라고 해요. 전쟁이나 전투에서 전략적으로 대응하기 위해 진을 치는 것은 필수이지요. 한신이 조나라를 대패시키고 난 후 부하들이 한신에게 "병법서에는 산을 등지고, 물을 앞에 두고서 싸우라고 했습니다. 그런데 어찌 물을 등지고 승리할 수 있었습니까?"라고 물었어요. 그러자 한신은 "이것도 병법의 한 수요. 군사를 사지에 몰아넣어 살길을 찾는 것이오." 하고 말했어요. 더 이상 물러설 곳이 없어 목숨을 걸지 않으면 안 되는 것을 이용한 한신의 전략이었던 거예요.

다양한 진법

군사들이 전투를 수행하기 위해 진을 치는 방법을 '진법'이라고 해요. 一자 모양으로 좌우로 길게 뻗쳐서 친 '일자진', 고기비늘이 벌어진 듯이 치는 진으로 중앙부가 적에 가까이 나아가는 '어린진', 기러기가 무리를 지어 나는 듯이 치는 진으로 맨 앞 중앙에 있는 한 부대를 중심으로 다른 부대가 좌우 대칭을 이루는 '안익진', 학이 날개를 편 듯이 치는 '학익진', 둥근 모양으로 치는 '도래진', 병력을 넓게 벌려서 친 '산개진' 등이 있어요.

한산도 대첩에서의 학익진

고사성어 더하기

➕ **수청무대어**(水淸無大魚)

'물이 너무 맑으면 큰 고기가 없다'는 뜻으로, 사람이 지나치게 똑똑하거나 엄하면 남이 가까이하기 어려움을 이르는 말.

24 백문불여일견

'백 번 듣는 것이 한 번 보는 것만 못하다'는 뜻이에요. 설명을 백 번 듣는 것보다 직접 보고 경험해 보아야 확실히 알 수 있다는 말이랍니다.

비슷한 한자 성어

🔹 **이문불여목견(耳聞不如目見)**: 귀로 듣는 것은 속임을 당하거나 확실하지 않아서 눈으로 직접 보고 확인하는 것만 못하다는 말.

耳 귀 이　聞 들을 문　不 아닐 불　如 같을 여　目 눈 목　見 볼 견

百	聞	不	如	一	見
일백 **백**	들을 **문**	아닐 **불**	같을 **여**	한 **일**	볼 **견**

현지에 가서 보고 작전을 세우다

《한서》〈조충국전〉에 나오는 이야기예요. 중국 한나라 때 흉노가 국경을 침략하여 공격해 왔어요. 왕은 장군 조충국을 불러 흉노족을 제압할 것을 명했어요. 왕은 조충국에게 어느 정도의 병력이 필요한지, 어떤 계략이 있는지 물었어요. 그러자 조충국은 "백 번 듣는 것보다 한 번 보는 게 낫습니다. 현지에 가서 보고 계책을 알리겠습니다."라고 말했지요. 이렇게 해서 조충국은 현지에 직접 가서 작전을 세웠고, 흉노를 무찌를 수 있었어요.

물체를 보는 눈

눈은 빛의 자극을 받아 물체를 볼 수 있는 감각 기관이에요. 눈으로 들어온 빛은 각막에서 수정체를 지나 유리체를 거쳐 망막에 이르는데, 그 사이에 굴절되어 망막에 상을 맺지요.

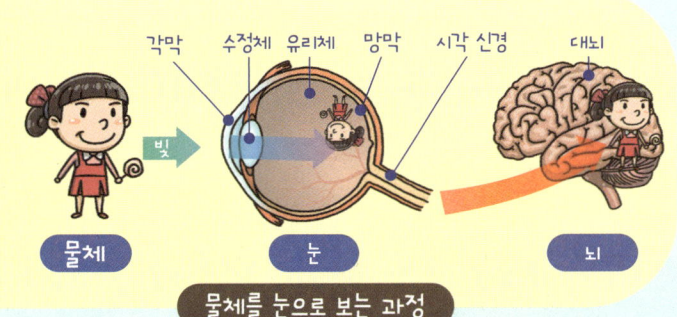

물체를 눈으로 보는 과정

소리를 듣는 귀

귀는 머리 양옆에서 듣는 기능을 하는 감각 기관이에요. 소리가 귓구멍으로 들어가 고막을 진동시키고, 이 진동은 달팽이관으로 전달되지요. 진동이 달팽이관 속의 청각 세포를 자극하면 이 자극은 청각 신경을 통해 대뇌로 전달되어 소리를 들을 수 있는 거예요.

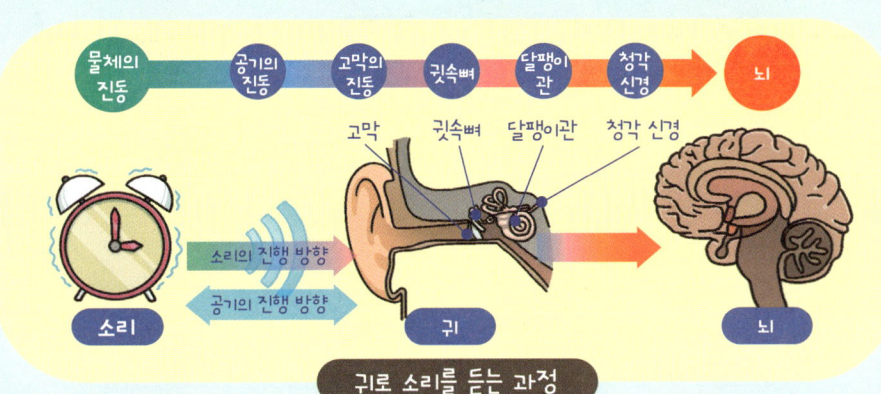

귀로 소리를 듣는 과정

고사성어 더하기

➕ **백발백중(百發百中)**
'백 번 쏘아 백 번 맞힌다'는 뜻으로, 총이나 활 따위를 쏠 때마다 겨눈 곳에 다 맞음을 이르거나 무슨 일이나 틀림없이 잘 들어맞음을 이르는 말.

➕ **문일지십(聞一知十)**
'하나를 듣고 열 가지를 미루어 안다'는 뜻으로, 지극히 총명함을 이르는 말.

25 사면초가

'사방에서 들리는 초나라의 노래'라는 뜻으로, 적에게 완전히 둘러싸인 상태나 아무에게도 도움을 받지 못하는 외롭고 곤란한 지경에 빠진 형편을 이르는 말이에요.

대화:
- 갑자기 비가 내리던데 어떻게 집에 왔냐?
- 오늘 완전 사면초가였어. ㅠㅠ
- 왜?
- 휴대 전화 집에 놓고 가서 엄마한테 전화도 못 하고.
- 친구 우산이라도 쓰고 오지.
- 과학실 정리 담당이라 끝내고 나니까 교실에 아무도 없는 거야.
- 허걱! 그래서 어떻게 됐어?
- 비 맞은 생쥐가 되어서 집에 왔지.
- 불쌍한 찍찍이.

같은 한자 성어
- 초가(楚歌)

비슷한 한자 성어

- **고립무원(孤立無援)**: 고립되어 구원을 받을 데가 없음.
  孤 외로울 고　立 설 립　無 없을 무　援 도울 원

- **진퇴양난(進退兩難)**: 이러지도 저러지도 못하는 어려운 처지.
  進 나아갈 진　退 물러날 퇴　兩 두 양　難 어려울 난

- **진퇴유곡(進退維谷)**: 이러지도 저러지도 못하고 꼼짝할 수 없는 궁지.
  進 나아갈 진　退 물러날 퇴　維 벼리 유　谷 골 곡

四面楚歌

| 넉 사 | 낯 면 | 초나라 초 | 노래 가 |

그리운 고향의 노랫소리

《사기》〈항우본기〉에 나오는 이야기예요. 중국 초나라의 왕 항우와 한나라의 왕 유방이 천하의 패권을 다투었어요. 5년 동안 싸움이 이어지던 어느 날, 초나라 군사가 한나라의 군대에 포위됐지요. 초나라 군사들은 긴 싸움에 지칠 대로 지쳐 있었는데, 밤이 되자 사방에서 초나라 노래가 들려왔어요. 한나라에 항복한 초나라 병사한테 노래를 부르게 한 거예요. 그리운 고향의 노랫소리를 듣자 고향 생각이 간절해진 초나라 군사들 중에는 도망치는 병사도 있었어요. 결국 더 이상 버티지 못한 항우는 스스로 목숨을 끊었고, 초나라는 패하고 말았답니다.

네 개의 면으로 된 사면체

'사면'은 '앞, 뒤, 왼쪽, 오른쪽의 모든 방면' 또는 '네 개의 면'을 일컫는 말이에요. 수학에서 '사면체'라고 하면 네 개의 평면으로 둘러싸인 입체 도형을 말해요. 아래 그림과 같이 모든 면은 삼각형으로 되어 있어요.

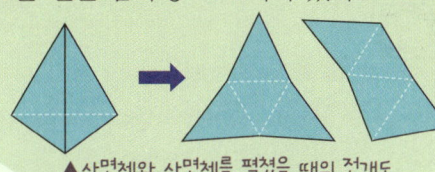

▲ 사면체와 사면체를 펼쳤을 때의 전개도

동서남북

▶ 방위표

공간에서 어떤 방향을 나타내는 위치를 '방위'라고 해요. 방위는 동쪽, 서쪽, 남쪽, 북쪽의 네 방향을 기준으로 하는데, 그것을 나타낸 표를 '방위표'라고 하지요. 방위를 이용하면 사람이나 건물이 향한 방향과 관계없이 위치를 나타낼 수 있어요. 방위표가 없는 경우에는 지도의 위쪽이 북쪽, 아래쪽이 남쪽이 되지요.

방향을 알려 주는 나침반

지구는 지구 내부의 영향으로 매우 커다란 자석 같은 성질이 있어요. 북극과 남극은 각각 N극과 S극의 성질을 띠고 있지요. 나침반은 자석의 성질을 이용하여 방위를 알아내는 데 사용하는 기구예요. 둥근 모양의 판에 바늘 모양의 자침(자석)을 달아서 항상 남북을 가리켜요. 나침반 바늘에서 N극은 북쪽을, S극은 남쪽을 가리키지요.

▲ 조선 후기에 제작된 '패철'이라고 부르던 휴대용 나침반

고사성어 더하기

➕ **사해형제(四海兄弟)**
'온 세상 사람이 모두 형제와 같다'는 뜻으로, 친밀함을 이르는 말.

➕ **초재진용(楚材晉用)**
'초나라의 인재를 진나라에서 쓴다'는 뜻으로, 같은 무리 안에서는 그 진가를 알지 못하고 남이 그것을 이용함을 이르는 말.

사족

'뱀을 다 그리고 나서 있지도 아니한 발을 덧붙여 그려 넣는다'는 뜻으로, 쓸데없는 일을 하거나 아무런 쓸모나 득이 될 것이 없는 짓을 하여 도리어 잘못되게 함을 이르는 말이에요.

같은 한자 성어
- 화사첨족(畫蛇添足)

蛇 足
뱀 사 발 족

쓸데없이 뱀에게 덧붙인 발

《전국책》〈제책〉에 나오는 이야기예요. 중국 전국 시대 초나라에 어떤 귀족이 하인들에게 술을 주며 나누어 마시라고 했어요. 하지만 여러 사람이 나누어 마시기에는 적은 양이었어요. 이에 한 하인이 뱀을 가장 먼저 그리는 사람이 혼자 다 마시는 게 어떻겠느냐고 제안했고, 하인들은 모두 찬성했지요. 얼마 후, 뱀을 다 그린 하인이 술병을 잡고 마실 준비를 하다가 자신의 기량을 더 뽐내고 싶어서 뱀에 발을 그려 넣었어요. 그러자 그때 뱀을 다 그린 다른 사람이 술병을 빼앗으며 "자네는 왜 쓸데없이 뱀에게 발을 덧붙이나? 발이 달린 뱀은 뱀이라고 할 수 없다네."라고 말하고는 단숨에 술을 마셔 버렸어요.

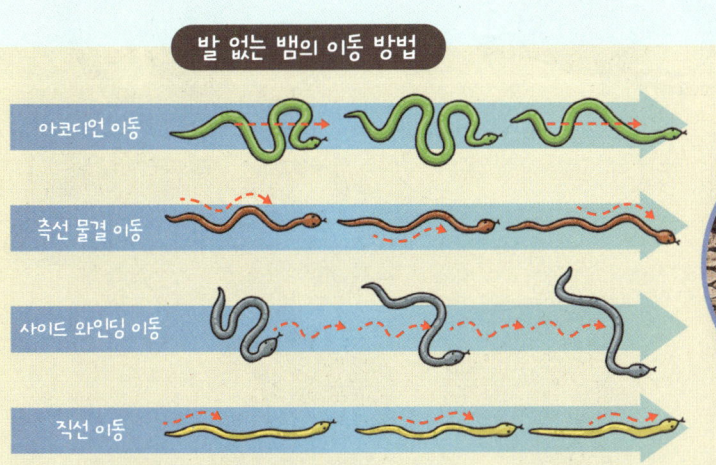

발 없는 뱀의 이동 방법
- 아코디언 이동
- 측선 물결 이동
- 사이드 와인딩 이동
- 직선 이동

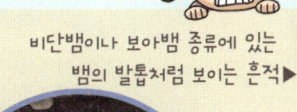

비단뱀이나 보아뱀 종류에 있는 뱀의 발톱처럼 보이는 흔적 ▶

▲ 일정한 방향으로 나 있는 비늘

발이 없는 동물, 뱀

발이 없는 뱀은 어떻게 앞으로 나아갈까요? 뱀의 몸을 자세히 들여다보면 입부터 꼬리까지 온몸이 비늘로 덮여 있어요. 이 비늘은 일정한 방향으로 나 있는데, 비늘을 세워 꿈틀거리면 바닥과 마찰력이 적은 방향으로 움직이게 돼요. 하지만 뱀도 원래는 발이 있었어요. 기다란 몸으로 먹이를 잡다 보니 발이 없는 편이 더 나았고, 서서히 퇴화되었지요. 뱀의 몸속에 다리뼈의 흔적이 남아 있답니다.

고사성어 더하기

+ **춘인추사(春蚓秋蛇)**
'봄철의 지렁이와 가을철의 뱀'이라는 뜻으로, 글줄이 비뚤어지고 글씨가 가늘어 힘이 없는 글씨를 비유적으로 이르는 말.

+ **형제위수족(兄弟爲手足)**
'형제 사이는 손발과 같아서 한번 잃으면 다시 얻을 수 없다'는 뜻으로, 형제끼리 우애 있게 지내야 한다는 말.

27 살신성인

'자신의 몸을 죽여 인을 이룬다'는 뜻으로, 자기의 몸을 희생하여 옳은 도리를 행한다는 말이에요.

[카톡 대화]

- 철수야, 나랑 같이 편지 쓰자.
- 편지? 누구한테?
- 그저께 동천강에 빠졌다가 구조된 3반 인후 알지?
- 응. 알지. 큰일 날 뻔했잖아.
- 인후를 구해 준 아저씨가 바로 떡볶이 가게 사장님이래.
- 정말?
- 아저씨의 살신성인 정신에 감동해서 편지 쓰려고.
- 좋아. 나도 쓸게.
- 이제 아저씨네 떡볶이만 먹을 거야.
- 난 떡볶이에 튀김까지 추가!

[장면]

- 살신성인의 정신으로……
- 이 떡볶이와 튀김은 내가 다 먹겠노라.
- 공자님 미워!

같은 한자 성어
- 살신입절(殺身立節)

비슷한 한자 성어
- **사생취의(捨生取義)**: '목숨을 버리고 의를 좇는다'는 뜻으로, 목숨을 버릴지언정 옳은 일을 함을 이르는 말.
  捨 버릴 사 生 날 생 取 가질 취 義 옳을 의

殺	身	成	仁
죽일 살	몸 신	이룰 성	어질 인

자기의 목숨을 바쳐 인을 이룬다

《논어》〈위령공〉 편에 나오는 이야기예요. 공자가 말하기를 "뜻있는 선비와 어진 사람은 인(仁)을 해치면서까지 삶을 구하는 일이 없고, 자기 몸을 죽여서 인을 이룬다."라고 했어요. 여기서 어진 사람은 어진 덕을 갖춘 사람을 말해요. 목숨이 소중하다고 하여 그것 때문에 인을 잃는 일이 없고, 오히려 자기의 목숨을 바쳐 인을 달성하려 한다는 것이지요.

공자는 누구일까?

공자는 중국 춘추 시대의 사상가이자 학자예요. 노나라 사람으로 여러 나라를 두루 돌아다니면서 인(仁)을 정치와 윤리의 이상으로 하는 도덕주의를 설파하여 덕치 정치를 강조했어요. 또 후학들의 교육에 전념하여 3천 명이 넘는 제자를 길러 내고, 《시경》과 《서경》 등의 중국 고전을 정리했어요. 제자들이 엮은 《논어》는 공자와 제자들의 언행을 적은 것인데, 공자 사상의 중심이 되는 부모에 대한 효도와 형제에 대한 우애, 유교의 윤리 등을 설명해 놓은 책이에요.

▲ 공자
▲ 《논어》

자신의 몸을 희생하다

'인(仁)'은 사랑하고 어질게 행동하는 일을 말해요. 공자가 주장한 유교의 도덕 이념으로, 윤리적인 모든 '덕(德)'의 기초예요. 공자는 이것을 확산시켜 실천하면 이상적인 상태에 도달할 수 있다고 하였어요. 따라서 살신성인은 큰 뜻이나 다른 사람을 위해 자신을 희생하는 것을 뜻하는 고사성어랍니다.

고사성어 더하기

- **신체발부수지부모(身體髮膚受之父母)**
  몸과 머리털과 피부 즉, 몸 전체는 부모님에게 받았다는 뜻.
- **수신제가(修身齊家)**
  자기의 몸을 닦고 집안을 잘 다스림.
- **인자무적(仁者無敵)**
  어진 사람은 남에게 덕을 베풂으로써 모든 사람의 사랑을 받기에 세상에 적이 없음.

28 삼고초려

'초가집을 세 번 찾아갔다'는 뜻으로, 뛰어난 인재를 맞아들이기 위하여 참을성 있게 노력해야 한다는 말이에요.

역시 큰형님!

왔다 갔다 귀찮구나. 오늘부터 야영이다.

……

> 영희야, 우리 집에 가서 게임하자.
>
> 나 바빠.
>
> 맛있는 것도 줄게.
>
> 그래도 안 돼.
>
> 네가 우리 집에 올 때까지 삼고초려할 거야!
>
> 삼천고초려해도 안 될 거야. 오늘부터 BTT 지니 오빠한테 100일 동안 팬레터 쓸 거란 말이야.
>
> 게임하고 쓰면 되잖아.
>
> 편지 쓰기 전에 몸과 마음을 정갈히 해야 돼.
>
> 졌다, 졌어.

같은 한자 성어
- 초려삼고(草廬三顧)

三	顧	草	廬
석 삼	돌아볼 고	풀 초	초가집 려(여)

제갈량의 집에 세 번 찾아간 유비

《삼국지》〈제갈량전〉에 나오는 이야기예요. 중국 삼국 시대에 후한의 유비가 관우, 장비와 의형제를 맺고 군사를 일으켰어요. 그러나 군대를 지휘하고 작전을 짤 만한 참모가 없어 늘 위나라 조조의 군에게 고전을 면치 못했지요. 어느 날 유비의 은사인 사마휘가 유능한 참모로 제갈량을 추천해 주었어요. 유비는 즉시 제갈량의 초가집을 찾아갔지요. 그러나 제갈량은 집에 없었어요. 며칠 후 또 찾아갔으나 역시 없었지요. 하지만 유비는 다시 한 번 제갈량의 집에 찾아갔어요. 그 열의에 감동한 제갈량은 마침내 유비의 참모가 되었어요.

뛰어난 전략가 제갈량

제갈량은 중국 삼국 시대 촉한의 정치가이자 뛰어난 군사 전략가예요. 자(본이름 외에 부르는 이름)가 공명이라서 '제갈공명'으로도 불려요. 유비를 도와 오나라와 연합하여 조조의 위나라 군대를 대파하고 촉한을 세웠어요. 유비가 죽은 후에는 무향후라는 직위에 올라 남방의 만족을 정벌하고, 황제의 자리에 오른 유비의 아들 유선을 보좌하며 촉한을 다스렸어요. 그러다 위나라와 전쟁을 벌이던 중에 병이 들어 죽음을 맞이했지요.

초가집

짚이나 갈대 등으로 지붕을 인 집을 초가집이라고 해요. 옛날에는 쉽게 구할 수 있는 재료인 볏짚으로 초가집을 많이 지었어요. 초가집은 열이 쉽게 빠져나가지 않아서 따뜻하게 지낼 수 있었지만, 불에 타기 쉬워서 화재의 위험이 많았어요.

제갈량과 관련된 속담

• **제갈량이 왔다가 울고 가겠다**
지략으로 유명한 제갈량이 상대의 지략에 놀라 자신의 무능을 한탄하여 울고 돌아가겠다는 뜻으로, 지혜와 지략이 매우 뛰어난 사람을 비유적으로 이를 때 쓰는 말이에요.

• **제갈량이 칠성단에서 동남풍 기다리듯**
무엇을 잔뜩 기다리는 모양을 비유적으로 이르는 말이지요.

고사성어 더하기

➕ **삼삼오오(三三五五)**
서너 사람 또는 대여섯 사람이 떼를 지어 다니거나 무슨 일을 하거나 모여 있는 모양을 이르는 말.

➕ **초간구활(草間求活)**
'민간에서 삶을 구한다'는 뜻으로, 한갓 삶을 탐냄을 이르는 말.

29 새옹지마

'변방에 사는 노인의 말'이라는 뜻이에요. 세상의 일은 변화가 많아서 어느 것이 화가 되고 어느 것이 복이 될지 예상하기 어렵고, 또 그런 화와 복이 온다 하더라도 슬퍼하거나 기뻐할 것이 아님을 이르는 말이랍니다.

영희야, 우리 엄마 걷기 대회에서 1등해서 상품 탔어.

정말? 상품은 뭐야?

로봇 청소기.

우아! 좋겠다. 이따 구경하러 갈게.

근데 다음 주에 와.

왜?

흰둥이 똥을 로봇 청소기가 다 쓸고 다녀서 바닥이 똥으로…… ㅠㅠ

새옹지마라더니, 한 치 앞도 내다볼 수 없구나.

생물농장 촬영중!

대박!

걷기대회 일등 상품

위잉

같은 한자 성어
- 새옹마(塞翁馬)

비슷한 한자 성어
- 전화위복(轉禍爲福): 재앙과 근심, 걱정이 바뀌어 오히려 복이 됨.
  轉 구를 전 禍 재앙 화 爲 할 위 福 복 복
- 새옹득실(塞翁得失): 한때의 이익이 장차 손해가 될 수도 있고 한때의 화가 장차 복을 불러올 수도 있음을 이르는 말.
  塞 변방 새 翁 늙은이 옹 得 얻을 득 失 잃을 실

塞翁之馬

塞	翁	之	馬
변방 새	늙은이 옹	어조사(갈) 지	말 마

▶ 여러 종류의 말

새옹이라는 노인의 말

《회남자》〈인간훈〉에 나오는 이야기예요. 옛날 중국 북쪽 변방에 새옹이라는 노인이 살고 있었어요. 어느 날 새옹이 기르던 말이 멀리 달아나 버렸는데, 몇 달 후 그 말이 준마를 한 필을 끌고 와 훌륭한 말을 얻게 되었어요. 그런데 노인의 아들이 준마를 타다가 떨어져 다리가 부러지고 말았어요. 하지만 다리를 다친 덕분에 아들은 전쟁에 끌려 나가지 않고 죽음을 면할 수 있었어요.

말 중의 말, 준마

말은 오랜 시간 인간과 함께한 가축으로, 전 세계에서 널리 사육되고 있지요. 말의 형태는 품종에 따라 차이가 있지만 일반적으로 목이 곧고 길며, 귀는 쫑긋하게 서고, 등허리가 짧고, 다리가 튼튼하고, 갈기와 꼬리가 아름답게 늘어져 있으며, 빠르게 잘 달리는 말을 '준마'라고 해요.

화를 막고, 복을 불러들여라!

우리 조상들은 명절이나 절기가 되면 한 해의 화를 막고, 복을 기원하는 의식을 행했어요.

▲ 달집태우기
▲ 복조리

화를 막는 풍습

- **단오장** : 단오에 나쁜 귀신을 없앤다는 뜻으로 여자들은 창포물로 머리를 감고, 얼굴을 씻으며, 푸른 새 옷을 입고 창포 뿌리로 만든 비녀를 꽂았어요.
- **수리취떡** : 단오에 재앙으로 인한 불운을 물리치기 위해 수리취의 잎을 넣어서 시루떡을 만들어 먹었어요.
- **팥죽** : 동짓날에 귀신을 쫓기 위해 팥죽을 끓여 집안 곳곳에 뿌렸어요.

▲ 팥죽
◀ 수레바퀴 모양의 수리취떡

복을 기원하는 풍습

- **복조리** : 음력 정월 초하룻날에 그해의 복을 조리로 일어 얻는다는 뜻으로 부엌이나 안방, 마루 등의 벽에 걸어 놓았어요.
- **달집태우기** : 음력 정월 대보름날 달이 떠오를 때에 달집에 불을 지르며 노는 풍속이에요. 달집이 훨훨 타야만 마을이 태평하고 풍년이 든다고 믿었지요.
- **지신밟기** : 음력 정월 대보름날에 행하는 민속놀이예요. 마을 사람들이 농악대를 앞세우고 집집마다 돌며 땅을 다스리는 신령을 달래고, 연중 무사를 빌어요.

고사성어 더하기

➕ **마혁과시(馬革裹屍)**
'말가죽으로 자기 시체를 싼다'는 뜻으로, 싸움터에 나가 살아 돌아오지 않겠다는 결의를 비유적으로 이르는 말.

➕ **지록위마(指鹿爲馬)**
윗사람을 농락하여 권세를 마음대로 함을 이르는 말.

30 선입견

사람이나 사물 등 어떤 대상에 대하여 이미 마음속에 가지고 있는 관념이나 실제 경험에 앞서서 갖는 주관적인 생각을 말해요. 또 미리 보고 들은 것으로 생각이 박혀서 다른 의견은 받아들이지 않는 것도 선입견이라고 하지요.

매에엑!

나 양한테 맞았어. 크흑!

그게 말이 돼?

- 너희 반 담임 선생님 누구셔?
- 최정희 선생님이셔.
- 눈 쭉 찢어지고, 안경 쓰신 분?
- 응. 우리 선생님 알아?
- 엄청 무섭고 깐깐해 보이던데.
- 에이, 그건 선입견이야.
- 그래?
- 얼마나 인자하신 분인데.
- 외모만 보고 판단했네. ^^;;

같은 한자 성어

- 선입감(先入感)
- 선입주(先入主)
- 선입관(先入觀)
- 선입주견(先入主見)
- 선입관념(先入觀念)
- 선입지견(先入之見)

先	入	見
먼저 선	들 입	견해(볼) 견

먼저 들은 말만이 옳은 것은 아니야

《한서》〈식부궁전〉에 나오는 이야기예요. 한나라 때 아주 말을 잘하는 식부궁이라는 사람이 있었어요. 어느 날, 식부궁이 황제에게 흉노가 침공해 올 것이 분명하니 대군을 변방에 배치해야 한다고 주장했어요. 황제는 식부궁의 말에 혹하여 정말 그럴 것 같은 생각이 들었어요. 하지만 승상 왕가는 그것이 근거 없는 말이며, 황제가 먼저 들은 말만이 옳다고 생각하여 그것을 고정시키는 일이 없도록 해야 한다고 충언을 했어요. 그러고는 얼마 후, 황제는 식부궁의 말이 거짓이라는 사실을 깨닫고 그를 감옥에 가두었어요.

편견과 고정관념

선입견처럼 굳어진 생각을 나타내는 말로 '편견'과 '고정관념'이 있어요. '편견'은 공정하지 못하고 한쪽으로 치우친 생각이에요. 장애인에 대한 편견, 탈북민에 대한 편견 등과 같이 어떤 대상에 대한 부정적인 생각이나 감정을 말하지요. '고정관념'은 잘 변하지 않는 확고한 의식이나 관념을 말해요. 또 어떤 집단의 사람들에 대한 단순하고 지나치게 일반화된 생각들을 고정관념이라고 하지요.

편견과 고정관념에 사로잡혀 다른 사람의 말에 귀 기울이지 않으면, 올바르고 다양한 방향으로 나아갈 수 없어요. 열린 태도와 열린 귀로 반대 의견을 가진 사람과 의견을 나눠야 해요.

▲ 프랜시스 베이컨

직접 관찰하고 실험하는 귀납법

영국의 철학자 베이컨은 사물에 대한 선입견에서 벗어나 모든 사물이나 현상을 직접 관찰하고 실험하여 그 속에 감추어진 진리를 발견해야 한다고 했어요. 그 방법을 가리켜 '귀납법'이라고 하지요. 이 이론은 인간의 다양한 경험으로 결론을 내리고, 그 결론으로부터 일반적 법칙을 이끌어 내는 것으로 근대 과학의 방법론에 커다란 영향을 주었어요.

귀납법의 예

비둘기는 난다.
까치는 난다.
참새는 난다.
→
모든 새는 난다.

고사성어 더하기

+ **견불체문(見不逮聞)**
'눈으로 직접 보니 들었던 것보다 못하다'는 뜻으로, 헛된 명성을 비유하는데 사용되는 말.

+ **선견지명(先見之明)**
어떤 일이 일어나기 전에 미리 앞을 내다보고 아는 지혜.

31 설상가상

'눈 위에 서리가 덮인다'는 뜻으로, 난처한 일이나 불행한 일이 잇따라 일어남을 이르는 말이에요.

철수

- 영희야, 학원 올 때 작은 담요 하나 갖다 주라.
- 왜? 학원이 추워?
- 눈길에 미끄러져서 엉덩방아 찧었어. ㅠㅠ
- 아이쿠!
- 게다가 설상가상으로 바지도 찢어졌어.
- 넌 바지 찢어지는 게 취미냐? 지난번에 놀이터에서도 찢어졌잖아.
- 얼른 갖다 주라. 너무 창피하다. ㅠ//ㅠ
- 불쌍한 철수 바지.
- 뭐? 우이씨!

어때? 마음에 들어?

우쒸!

하하하하, 꼴무늬다!

비슷한 한자 성어

- **전호후랑(前虎後狼)**: '앞문에서 호랑이를 막고 있으려니까 뒷문으로 이리가 들어온다'는 뜻으로, 재앙이 끊일 사이 없이 닥침을 비유적으로 이르는 말.
  前 앞 전   虎 범 호   後 뒤 후   狼 이리 랑
- **병상첨병(病上添病)**: 앓는 중에 또 다른 병이 겹쳐 생김.
  病 병 병   上 위 상   添 더할 첨   病 병 병

같은 한자 성어

= 설상가설(雪上加雪)

반대되는 한자 성어

- **금상첨화(錦上添花)**: '비단에 꽃을 더한다'는 뜻으로, 좋은 일에 또 좋은 일이 더하여짐을 비유적으로 이르는 말.
  錦 비단 금   上 위 상   添 더할 첨   花 꽃 화

雪	上	加	霜
눈 설	위 상	더할 가	서리 상

눈 위에 다시 서리를 더하는 말

《경덕전등록》에 나오는 이야기예요. 옛날 중국에 대양선사라는 무척 유명한 스님이 있었어요. 대양선사를 만나기 위해서 전국 각지에서 많은 스님이 찾아왔지요. 어느 날, 한 스님이 대양선사를 찾아왔는데 대양선사는 "그대는 앞만 볼 줄 알고, 뒤를 돌아볼 줄 모르는구나." 하고 말하며, 남 앞에서 보이는 것만 중요하게 여기고, 수양은 소홀히 여기는 것을 꾸짖었어요. 그러자 그 스님은 "눈 위에 다시 서리를 더하는 말씀이십니다."라고 말했는데, 이 말은 '쓸데없는 참견'이라는 의미지요.

눈과 서리

눈		서리
공기 중의 수증기가 찬 기운을 만나 얼어서 땅 위로 떨어지는 얼음의 결정체	정의	공기 중의 수증기가 땅 위의 물체 표면에 얼어붙은 것
수증기가 승화되어 얼음으로 된 것	공통점	수증기가 승화되어 얼음으로 된 것
구름 속에서 얼음으로 만들어져 땅으로 떨어짐	차이점	지표면에서 얼음으로 만들어짐

설상가상의 달라진 뜻

설상가상은 눈 위에 서리가 내려도 아무런 의미가 없다는 뜻으로, 원래는 '쓸데없는 참견'이나 '중복'이라는 의미로 쓰였어요. 그러다가 세월이 흐르면서 지금은 '좋지 않은 일이 계속해서 일어난다'라는 의미로 쓰이고 있지요.

설상가상과 뜻이 같은 속담과 관용구

우리나라 속담 '눈 위에 서리친다'는 어려운 일이 공교롭게 계속됨을 비유적으로 이르는 말이에요. 또 관용구 '엎친 데 덮치다'도 어렵거나 나쁜 일이 겹쳐서 일어난다는 뜻으로, 계속해서 안 좋은 일이 일어날 때 쓰는 표현이랍니다.

고사성어 더하기

➕ **설중송백(雪中松柏)**
'눈 속의 소나무와 잣나무'라는 뜻으로, 높고 굳은 절개를 이르는 말.

➕ **이상지계(履霜之戒)**
'서리를 밟는다는 것은 곧 물이 얼 겨울철이 닥칠 징조'라는 뜻으로, 징조를 보고 장차 다가올 일에 대비하여야 함을 경계하는 말.

32 순망치한

'입술이 없으면 이가 시리다'는 뜻이에요. 가까운 사이의 어느 한쪽이 망하면 다른 한쪽도 그 영향을 받아 온전하기 어려움을 이르거나, 서로 떨어질 수 없는 밀접한 관계를 비유하는 말이랍니다.

비슷한 한자 성어

- **고장난명(孤掌難鳴)**: '외손뼉만으로는 소리가 울리지 아니한다'는 뜻으로, 혼자의 힘만으로 어떤 일을 이루기 어려움을 이르는 말.

  孤 외로울 고 掌 손바닥 장 難 어려울 난 鳴 울 명

- **보거상의(輔車相依)**: '수레에서 덧방나무와 바퀴처럼 뗄 수 없다'는 뜻으로, 긴밀한 관계를 맺으면서 서로 돕고 의지함을 이르는 말.

  輔 도울 보 車 수레 거 相 서로 상 依 의지할 의

- **순치보거(脣齒輔車)**: '입술과 이 중에서 또는 수레의 덧방나무와 바퀴 중에서 어느 한쪽만 없어도 안 된다'는 뜻으로, 서로 없어서는 안 될 깊은 관계를 비유적으로 이르는 말.

  脣 입술 순 齒 이 치 輔 도울 보 車 수레 거

脣	亡	齒	寒
입술 순	망할 망	이 치	찰 한

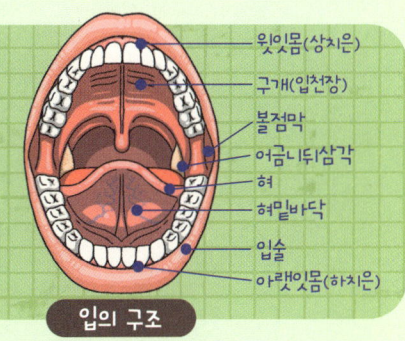

입의 구조

입술이 없으면 이가 시리다

《춘추좌씨전》에 나오는 이야기예요. 중국 춘추 시대 진나라의 헌공이 괵나라를 공격하기로 했어요. 그러자 대부 순식이 "괵의 이웃 나라인 우에게 길을 빌려서 괵을 무찌르고 이어서 우를 치는 것이 좋겠습니다."라고 말했지요. 이에 헌공은 우왕에게 재물을 보내 길을 터 줄 것을 부탁했어요. 하지만 우의 대신 궁지기가 반대하며 "입술이 없으면 이가 시립니다. 우와 괵은 입술과 이의 관계여서 괵이 멸망하면 우도 안전하지 않습니다. 그러니 절대로 길을 터 주어서는 안 됩니다."라고 했어요. 하지만 우왕은 재물에 눈이 멀어 진에게 길을 터 주었고, 괵을 멸망시킨 진군은 우나라까지 단숨에 공격했지요.

포유류에만 있는 입술

얼굴에서 입의 가장자리에 있는 경계이며, 위아래로 한 쌍을 이루고 있는 입술은 포유류에게만 발달되어 있어요. 얇고 부드러운 살로 되어 있고, 털이나 분비샘이 없어요. 또한 입술은 촉각에 민감하여 차거나 뜨거움을 예민하게 느끼지요. 입술과 주변 근육을 움직여 발음을 정확하게 할 수 있고, 음식을 먹을 때 입을 열고 닫거나 오므려서 휘파람을 불 수 있어요.

32개의 가지런한 치아

입안의 치아는 무엇을 물거나 음식물을 씹어 잘게 부수는 역할을 해요. 또 입술과 마찬가지로 발음을 하는 데 도움을 주지요. 치아는 생후 6개월 무렵부터 나기 시작해 총 20개의 유치가 나요. 그런 후 6~7세부터 유치가 하나둘 빠지면서 영구치로 바뀌지요. 치열은 위와 아래 모두 좌우 대칭으로 되어 있으며, 영구치는 위아래 각각 16개씩 총 32개가 생긴답니다.

입술에 관한 퀴즈

1. 입술이 붉은색인 이유는 동맥이 보이기 때문이다
   정답 ✗ 입술 피부는 다른 피부에 비해서 얇고, 모세혈관이 많아서 붉은색으로 보여요.

2. 사람마다 입술 모양이 다르다
   정답 ○ 사람마다 지문의 모양이 다른 것처럼 입술 무늬의 생김새도 모두 달라요.

고사성어 더하기

➕ **견마지치(犬馬之齒)**
'개나 말처럼 보람 없이 헛되게 먹은 나이'라는 뜻으로, 남에게 자기의 나이를 낮추어 이르는 말.

➕ **망양보뢰(亡羊補牢)**
'양을 잃고 우리를 고친다'는 뜻으로, 이미 어떤 일을 실패한 뒤에 뉘우쳐도 아무 소용이 없음을 이르는 말.

33 시시비비

'옳은 것은 옳고, 아닌 것은 아니라고 한다'는 뜻으로, 여러 가지의 옳고 그름을 분명하고 공정하게 판단함을 이르는 말이에요.

영희

- 어떡해. 민이 경찰서에 있대.
- 나도 들었어.
- 절대로 남의 차에 돌을 던질 아이가 아닌데……
- 경찰이 CCTV 확인해서 시시비비를 가린다고 했으니까 조금만 기다려 보자.
- 민이가 범인일 리 없어. 민이 정말 착한 앤데.
- 분명 무슨 오해가 있을 거야.
- 우리 사건 현장에 가 볼까?
- 좋아. 범인은 반드시 현장에 다시 온다고 했어.
- 고고!

(축구 경기 장면: "노골!", "노골 맞네!", "내가 라인을 바꿔놨지룽~.", "저게 왜 노골이죠?", "삐이익")

비슷한 한자 성어

🔁 **왈가왈부(曰可曰否)** : 어떤 일에 대하여 옳거니 옳지 아니하거니 하고 말함.
　曰 가로 왈　可 옳을 가　曰 가로 왈　否 아닐 부

🔁 **시야비야(是也非也)** : 옳다 그르다를 말함.
　是 옳을 시　也 어조사 야　非 아닐 비　也 어조사 야

是	是	非	非
옳을 시	옳을 시	아닐 비	아닐 비

옳은 것을 옳다 하고, 그른 것을 그르다 하다

《순자》〈수신〉 편에 나오는 말이에요.

옳은 것을 옳다 하고 그른 것을 그르다고 하는 것은 지혜로운 일이요,

옳은 것을 아니라고 하고 그른 것을 옳다고 하는 것은 어리석은 일이다.

즉 참과 거짓을 가려내는 것이 지혜이며, 그와 반대로 하는 것은 어리석은 일이라는 것이지요.

시시비비와 시비

시시비비는 '일의 옳고 그름을 공평하고 올바르게 분별한다'는 뜻 말고도 '옳고 그름을 따지며 다투는 일'의 의미도 가지고 있어요. 시시비비를 줄여서 '시비'라고도 하는데, '시시비비를 가리다', '시비가 붙었다' 등의 활용으로 쓰이지요.

겹쳐서 쓰는 한자 성어

시시비비처럼 반복적으로 결합한 복합어를 '첩어'라고 해요. 두 글자로 이루어진 낱말을 강조하기 위해 반복하는 것이지요.

- **전전긍긍(戰戰兢兢)** : 몹시 두려워서 벌벌 떨며 조심함.
- **방방곡곡(坊坊曲曲)** : 한 군데도 빠짐이 없는 모든 곳.
- **호호탕탕(浩浩蕩蕩)** : 거침없어 걸릴 것 없는 모양.
- **허허실실(虛虛實實)** : 허를 찌르고 실을 꾀하는 계책.

옳고 그름을 판단하는 법관

법과 양심에 따라 시시비비를 가리는 일을 하는 사람을 법관이라고 해요. 법관으로 임명되면 어떠한 사건에 대해 검사와 변호사가 벌이는 논쟁에 따라 옳고 그름이나 선과 악을 판단하여 판결을 내려요. 법관은 언제나 공정하고 분명하게 판단하여야 하고, 국민의 권익을 지키며, 억울한 국민이 생기지 않도록 최선을 다해야 하지요.

고사성어 더하기

➕ **사이비(似而非)**
겉으로는 비슷하나 속은 완전히 다름. 또는 그런 것.

➕ **시비지심(是非之心)**
옳고 그름을 가릴 줄 아는 마음.

▲ 재판을 진행하는 법관의 모습

◀ 눈을 가리고 옳고 그름을 판단하는 저울을 들고 있는 법과 정의의 여신 디케

34 어부지리

'어부의 이익'이라는 뜻으로, 두 사람이 이해관계로 서로 싸우는 사이에 엉뚱한 사람이 애쓰지 않고 가로챈 이익을 이르는 말이에요.

훗! 철수 네가 차지하려고? 내가 있는 건 상상도 못하고 있겠지?

다 잡아 버리겠다!

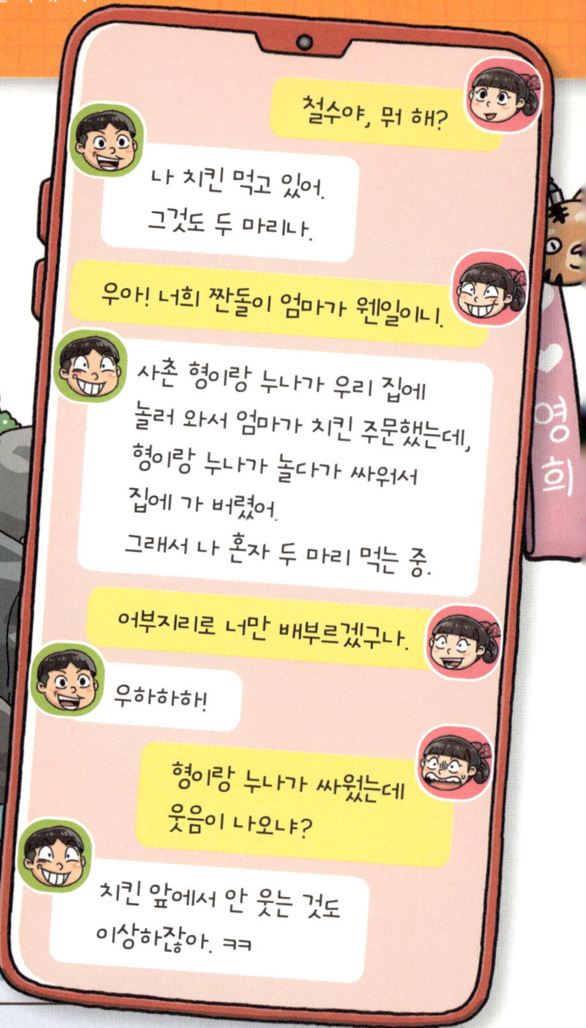

철수야, 뭐 해?

나 치킨 먹고 있어. 그것도 두 마리나.

우아! 너희 짠돌이 엄마가 웬일이니.

사촌 형이랑 누나가 우리 집에 놀러 와서 엄마가 치킨 주문했는데, 형이랑 누나가 놀다가 싸워서 집에 가 버렸어. 그래서 나 혼자 두 마리 먹는 중.

어부지리로 너만 배부르겠구나.

우하하하!

형이랑 누나가 싸웠는데 웃음이 나오냐?

치킨 앞에서 안 웃는 것도 이상하잖아. ㅋㅋ

비슷한 한자 성어

🔸 **견토지쟁(犬兔之爭)**: '개와 토끼의 다툼'이라는 뜻으로, 두 사람의 싸움에 제삼자가 이익을 봄을 이르는 말.

犬 개 견   兔 토끼 토   之 갈 지   爭 다툴 쟁

🔸 **방휼지쟁(蚌鷸之爭)**: '도요새가 조개와 다투다가 다 같이 어부에게 잡히고 말았다'는 뜻으로, 대립하는 두 세력이 다투다가 결국은 구경하는 다른 사람에게 득을 주는 싸움을 비유적으로 이르는 말.

蚌 방합 방   鷸 도요새 휼   之 갈 지   爭 다툴 쟁

漁夫之利

| 고기 잡을 어 | 지아비 부 | 어조사(갈) 지 | 이로울 리 |

조개와 도요새의 싸움

《전국책》에 나오는 이야기예요. 중국 전국 시대 진나라는 천하를 제압하려고 꾀하려던 때, 조나라와 연나라 사이에 마찰이 일어나 조가 연을 공격하려 했지요. 연나라의 소왕이 조나라에 소대라는 사람을 보내 "제가 오는 길에 보니 조개가 자신을 쪼려던 도요새의 부리를 꽉 물고는 서로 싸우고 있을 때 지나가던 어부가 이것을 보고 둘 다 잡아갔습니다. 조나라와 연나라는 힘이 비슷해 두 나라가 싸우면 국력을 소모할 뿐입니다. 진나라는 어부처럼 앉아서 이익을 얻게 될 것입니다."라고 혜왕을 설득했어요. 혜왕은 소대의 말을 알아듣고 연나라를 치려던 계획을 중지시켰답니다.

어부지리와 비슷한 속담

어부지리와 비슷한 뜻을 가진 우리나라 속담으로 '죽 쑤어 개 준다'가 있어요. 뜨거운 불 앞에서 정성 들여 죽을 쑤었는데, 애꿎은 개가 힘 안 들이고 먹게 되었다는 말이에요. 애써 한 일을 남에게 빼앗기거나, 엉뚱한 사람에게 이로운 일을 한 결과가 되었음을 뜻하는 속담이지요. 같은 속담으로 '죽 쑤어 개 좋은 일 하였다'와 '죽 쑤어 개 바라지한다'가 있어요.

대결! 조개와 도요새

조개		도요새
바닷물이나 민물의 모래, 개펄 속	사는 곳	바닷가나 물가
플랑크톤이나 작은 벌레	먹이	조개, 게, 갯지네
뼈나 마디가 없는 연체동물	특징	긴 부리와 짧은 꼬리의 새

1869년에 출판한 《집과 정원의 새》에 실린 네덜란드의 조류 일러스트레이터 존 제라드 케울레만이 그린 멧도요▼

실제로 조개와 도요새가 싸우면?

조개는 관자라고 하는 힘살로 껍데기를 열고 닫아요. 한편 도요새는 몸길이가 약 50센티미터이며, 날개가 약 20센티미터로 조개에 비해 크기가 훨씬 크지요. 따라서 조개가 위험을 감지하고 껍데기를 꽉 닫는다고 해도 커다란 도요새의 부리 힘보다 그 힘이 적기 때문에 조개는 곧 도요새에게 잡아먹히고 말 거예요.

고사성어 더하기

➕ **사리사욕(私利私慾)**
사사로운 이익과 욕심.

35 역지사지

'나와 다른 사람의 처하여 있는 사정이나 형편을 바꾸어서 생각해 본다'는 뜻이에요. 즉 상대방의 처지에서 생각하라는 말이지요.

- 야, 너 요즘 동수 때리냐?
- 내가? 그랬나?
- 네가 자꾸 동수 뒤통수 때린다고 동수 엄마 화났대.
- 아, 그거. 동수 머리 모양이 버섯 같아서 장난친 건데.
- 역지사지로 생각해 봐.
- 아! 그렇겠네. 내일 미안하다고 사과해야겠다.
- 너도 네가 맞는다 생각하니까 기분 안 좋지?
- 음, 난 괜찮아. 내 머린 돌로 되어 있거든.
- -_-;;

철수 너, 나 놀리려고 일부러 머리 밀은 거지?

동수야, 참아.

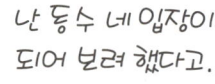

난 동수 네 입장이 되어 보려 했다고.

반대되는 한자 성어

➡ **아전인수(我田引水)** : '자기 논에 물 대기'라는 뜻으로, 자기에게만 이롭게 되도록 생각하거나 행동함을 이르는 말.

我 나 아   田 밭 전   引 끌 인   水 물 수

易	地	思	之
바꿀 역	땅 지	생각 사	어조사(갈) 지

다른 사람의 처지에서 헤아려 보는 마음

《맹자》〈이루〉 편에 나오는 이야기예요. 옛날 중국 하나라의 우 임금과 후직은 집에도 들어가지 않은 채 나랏일을 하고 백성들을 돌봤어요. 또 공자의 제자인 안회 역시 백성들의 힘겨운 삶을 함께 나누기 위해 스스로 가난하게 살았지요. 공자는 이들 셋 모두를 어질게 여겼어요. 맹자는 '역지칙개연(易地則皆然)'이라고 하며 우 임금과 후직, 안회의 처지가 서로 바뀌었더라도 모두 같게 행동할 것이라고 했어요. 여기에서 다른 사람의 처지에서 헤아려 본다는 뜻의 '역지사지'란 말이 생겨났답니다.

갈등을 해결하는 역지사지

친구와 갈등이 생겨 싸운 적 있나요? 다른 사람과 의견이 맞지 않아서 충돌할 때 갈등을 겪는다고 해요. '갈등'은 한자 '칡 갈(葛)'과 '등나무 등(藤)'이 합쳐져 생긴 말이에요. 칡은 오른쪽으로 감아 올라가고, 등나무는 왼쪽으로 감아 올라가는 성질이 있는데, 이 둘이 같은 나무에 감아 올라가게 되면 서로 얽혀 문제가 생긴다는 데서 유래된 말이지요. 친구와 아무리 큰 갈등을 겪는다 해도 역지사지의 자세로 서로를 이해하고 노력하면 쉽게 풀린답니다.

칡과 등나무를 비교해 보자!

칡		등나무
산기슭 양지	사는 곳	학교나 집 근처
줄기가 매년 굵어지며, 20미터 이상 뻗음	특징	줄기가 200미터까지 뻗음
뿌리를 다려 차로 마심	쓰임	가구를 만드는 재료로 씀

처지의 친구들

처하여 있는 사정이나 형편을 나타내는 '처지'와 비슷한 의미를 가진 낱말이 있어요.
- **입장**: 바로 눈앞에 당하고 있는 상황.
- **신세**: 주로 불행한 일과 관련된 개인의 처지와 형편.
- **경우**: 놓여 있는 조건이나 놓이게 된 형편이나 사정.

고사성어 더하기

➕ **불가사의(不可思議)**
사람의 생각으로는 미루어 헤아릴 수도 없이 이상하고 오묘한 것.

➕ **별유천지(別有天地)**
특별히 경치가 좋거나 분위기가 좋은 곳.

36 오리무중

'오 리나 되는 짙은 안개 속에 있다'는 뜻으로, 무슨 일에 대하여 방향이나 상황을 알 길이 없어 갈피를 잡을 수 없음을 이르는 말이에요.

五里霧中

五	里	霧	中
다섯 오	마을 리(이)	안개 무	가운데 중

▲ 금문교의 아침 안개

사방에 안개를 일으켜 몸을 숨기다

《후한서》〈장해전〉에 나오는 이야기예요. 중국 후한 때 학문에 뛰어난 장해라는 학자가 있었어요. 왕 순제가 장해를 등용하려 했지만 몇 번이나 거절했지요. 전국의 명망 높은 선비들과 벼슬아치, 귀족들이 장해와 교제하려 했지만 장해는 이를 피해 산속에 숨었어요. 그러자 찾는 사람들이 산까지 쫓아왔지요. 장해는 도술에도 능하여 사람들이 찾아올 때면 사방 오 리를 안개로 뒤덮어 몸을 숨겼다고 해요.

거리의 단위, 리

오 리는 얼마나 먼 거리일까요? '리'는 거리의 단위로, 1리는 약 0.393킬로미터예요. 그러므로 오 리는 약 1.96킬로미터이지요. 서울의 전철역 간 거리가 약 1킬로미터니까 오 리는 약 2킬로미터로, 전철역 두 정거장 거리라고 할 수 있어요. 사람이 시속 3킬로미터의 속도로 걷는다고 하면 약 40분 정도 걸리는 거리예요.

자욱한 안개

안개는 지표면 가까이에 아주 작은 물방울이 부옇게 떠 있는 현상이에요. 강이나 호수 주변에 잘 생기고 일교차가 큰 봄과 가을 아침에 많이 생겨요. 또 자동차의 배기가스나 공장에서 내뿜는 연기와 안개가 섞여 스모그가 발생하기도 하지요.

안개의 종류와 생기는 과정

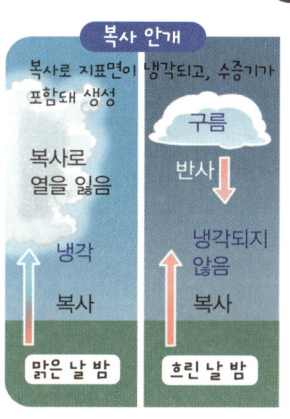

안개는 어떻게 하면 걷힐까?

햇빛이 땅을 따뜻하게 데우거나 바람이 강하게 불면 안개가 걷혀요. 또 차갑고 밀도가 큰 공기가 안개가 낀 구역으로 들어오면, 안개는 하늘로 올라가거나 증발하여 사라지지요.

고사성어 더하기

➕ **일사천리(一瀉千里)**
'강물이 빨리 흘러 천 리를 간다'는 뜻으로, 어떤 일이 거침없이 빨리 진행됨을 이르는 말.

寤	寐	不	忘
잠 깰 오	잘 매	아닐 불	잊을 망

사랑하는 사람을 그리워하다

《시경》에 실린 〈관저〉라는 시에 나오는 구절이에요.

들쭉날쭉 행채풀 여기저기 구하고, 아리따운 아가씨 자나 깨나 찾네
구해 봐도 못 구하여 자나 깨나 생각하니, 막연하기도 하여라 이리저리 뒤척거리네

남녀 사이의 사랑을 아름답게 표현한 이 시에서 유래한 오매불망은 원래 사랑하는 사람을 그리워하여 잠 못 들고 뒤척이는 경우를 비유하는 말로 쓰였다가, 나중에 근심이나 생각이 많아 잠 못 드는 것을 비유하는 말로 쓰이게 되었어요.

쿨쿨, 잠을 자야 하는 이유

우리는 하루의 3분의 1을 잠을 자는 데 써요. 어린이는 보통 열 시간 정도를, 어른은 약 여덟 시간 정도를 자요. 잠을 잔다는 것은 눈이 감긴 채 의식 활동이 쉬는 상태를 말해요. 하지만 자는 동안 의식 활동은 쉬어도 우리 몸은 많은 일을 하지요. 낮에 활동하면서 쌓인 뇌의 노폐물을 없애고, 면역 기능을 회복해요. 그리고 낮 동안 학습한 내용들을 오랫동안 기억할 수 있도록 하는 뇌 활동이 활발하게 일어난답니다.

동물들의 여러 가지 잠자는 모습

두루미
한쪽 다리를 들고 한 발로 서서 잠을 자요.

기린
귀를 쫑긋 세우고 선 채로 잠을 자요.

박쥐
천장에 거꾸로 매달린 채 잠을 자요.

나무늘보
나무에 매달려서 잠을 자요.

고사성어 더하기

➕ **숙흥야매(夙興夜寐)**
'아침에 일찍 일어나고 밤에 늦게 잔다'는 뜻으로, 부지런히 일함을 이르는 말.

➕ **득어망전(得魚忘筌)**
'물고기를 잡으면 통발을 잊는다'는 뜻으로, 바라던 바를 이루고 나면 이를 이루기 위하여 했던 일들을 잊어버림을 이르는 말.

38 오합지중

'까마귀가 모인 것처럼 질서가 없이 모인 병졸'이라는 뜻으로, 임시로 모여들어서 규율이 없고 무질서한 병졸 또는 군중을 이르는 말이에요.

까악
까악
까악

정말 오합지중이야.

철수야, 뭐 해?
내 동생 승단 심사하는 데 구경 왔어.
오늘이구나. 잘하고 있어?
애들이 너무 많아서 너무 정신없어.
그래?
어린 애들이라 그런지 오합지중 같아. 푸하하!
누가 보면 넌 어른인 줄 알겠다.
쟤들은 아직 여덟 살이고, 나는 어엿한 십 대라고!
얼씨구.

같은 한자 성어
= 오합지졸(烏合之卒)
= 와합지졸(瓦合之卒)

烏	合	之	衆
까마귀 오	합할 합	어조사(갈) 지	무리 중

▲ 떼를 지어 날아가는 까마귀

힘없이 무너지고 말 오합지중

《후한서》〈경엄전〉에 나오는 이야기예요. 전한 말에 왕랑이라는 자가 스스로 황제를 자처하며 반란을 일으키려고 했어요. 장수 유수가 왕랑을 토벌하려고 하자, 유수를 돕기 위해 경엄이 군대를 이끌고 나섰지요. 경엄이 관군의 집결지로 가는 도중에 어느 하급 장수가 유수의 휘하가 되는 것은 잘못이고, 왕랑이야말로 한나라의 정통파라고 주장했어요. 그 말에 격분한 경엄은 그 사람을 꾸짖으며 "왕랑은 한낱 도적일 뿐이다. 그따위 오합지중은 썩은 고목과 같아서 우리가 친다면 힘없이 무너지고 말 것이다."라고 말했어요.

떼를 지어 다니는 까마귀

이동하지 않고 한곳에 머물러 사는 새들을 '텃새'라고 해요. 이와는 반대로 알을 낳기 좋은 온도와 먹잇감이 풍부한 곳을 찾아 철을 따라 이리저리 옮겨 다니는 새들을 '철새'라고 하지요. 우리나라의 까마귀는 텃새예요. 전국 어디에서나 볼 수 있지요. 까마귀는 무리 지어 다니는 걸 좋아해서 떼를 지어 다니며 먹이를 구하거나 휴식을 취해요. 하지만 우두머리가 없는 탓에 질서가 없이 어지러운 모습이지요.

고구려 고분 벽화에 그려진 삼족오
오회분의 삼족오 / 각저총의 삼족오

신화 속의 길조

예부터 우리나라에서는 까마귀가 울면 재수가 없거나 불길한 징조로 여겼어요. 또 온몸이 검은색으로 되어 있어 부정적인 새로 인식했지요. 하지만 신화에 나오는 까마귀는 태양을 상징하는 동물로 좋은 일과 나쁜 일을 미리 알려 주는 신성한 새로 그려져 있어요. 고구려 시대에는 다리가 세 개 달린 까마귀인 '삼족오'를 상상 속의 길조로 여겨 무늬로 사용했어요.

고사성어 더하기

➕ **중과부적**(衆寡不敵)
　적은 수로는 많은 적을 대적하지 못함.

➕ **합포주환**(合浦珠還)
　'합포에 구슬이 다시 돌아왔다'는 뜻으로, 잃어버린 물건을 다시 찾음을 이르는 말.

39 온고지신

'옛것을 익히고 그것을 미루어서 새것을 안다'는 뜻이에요. 오래된 옛날의 것과 전통을 바탕으로 새로운 지식을 습득하여야 제대로 된 앎이 될 수 있다는 말이랍니다.

철수

- 난 이제 위인전만 읽을 거야.
- 갑자기 왜?
- 위인전 읽으면 훌륭한 사람이 될 수 있대.
- 누가 그래?
- 우리 엄마가.
- 그래도 책을 편식해서 읽으면 안 좋은 거야.
- 넌 온고지신도 몰라?
- 아, 그래서 문구점에서 옛날 불량 식품 사 먹었구나.
- 그건 불량 식품이 아니라 추억의 간식이라고!

- 그 벽돌같이 생긴 건 뭐야?
- 이분은 스마트폰의 할아버지 되셔!
- 할부지!
- 에헴!

비슷한 한자 성어

🔶 **부답복철(不踏覆轍)** : '이전 사람의 그릇된 일이나 행동의 자취를 밟지 않는다'는 뜻으로, 앞사람의 실패를 되풀이하지 않음을 이르는 말.
不 아닐 부　踏 밟을 답　覆 다시 복　轍 바퀴 자국 철

溫 故 知 新

溫	故	知	新
익힐(따뜻할) 온	옛 고	알 지	새 신

옛것을 익혀 새것을 아는 스승

《논어》〈위정〉 편에 나오는 말이에요. 공자가 말하기를 "옛것을 익혀 새것을 알면 가히 스승이 될 만하다."라고 했어요. 즉 온고지신이란 오래된 옛날의 것(학문)을 찾아 연구한 다음 새로운 것을 이해하여야 비로소 스승이 될 자격이 있다는 말이에요.

과거-현재-미래

이미 지나간 때를 '과거', 지금의 시간을 '현재', 앞으로 올 때를 '미래'라고 해요. 과거가 없는 현재는 없고, 현재가 없이는 미래도 없지요. 영국의 역사학자 에드워드 카는 자신의 저서 《역사란 무엇인가》에서 "역사는 과거와 현재의 끊임없는 대화다."라고 했어요. 과거의 사실을 토대로 현재를 이해하고, 그 이해를 바탕으로 미래를 만드는 것이 중요하지요.

고마운 스승님

스승은 자기를 가르쳐서 이끄는 사람을 말해요. 오랜 시간 학문과 덕행을 갈고닦아 뛰어난 실력과 어진 인성을 갖춘 사람으로, 다른 사람에게 모범이 되며 사회적으로 존경을 받을 만한 사람을 스승이라고 하지요. 스승을 다른 말로 '선생'이라고도 해요.

옛것에서 새것으로

옛것	설명	새것	설명
김치독	김치를 담아 두는 독	김치냉장고	김치의 보관을 위해 만든 냉장고
맷돌	곡식을 가는 데 쓰는 기구	믹서	과실, 곡물, 야채 따위를 갈거나 이겨 가루 또는 즙을 내는 기계
숯다리미	숯불로 데워서 쓰는 다리미	전기다리미	전기로 열을 발생시켜 쓰는 다리미
가마솥	밥을 짓는 데 쓰는 무쇠 솥	전기밥솥	전기로 열을 발생시켜 밥을 짓도록 만든 솥

고사성어 더하기

- **온유돈후**(溫柔敦厚) 성격이 온화하고 부드러우며 인정이 두터움.
- **일엽지추**(一葉知秋) '하나의 나뭇잎을 보고 가을이 옴을 안다'는 뜻으로, 조그마한 일을 가지고 장차 올 일을 미리 짐작함.
- **일신월성**(日新月盛) 나날이 새로워지고 다달이 번성함.

40 와신상담

'거친 섶(땔나무를 통틀어 이르는 말)에 몸을 눕히고 쓰디쓴 쓸개를 맛본다'는 뜻으로, 원수를 갚거나 마음먹은 일을 이루기 위하여 온갖 어려움과 괴로움을 참고 견딤을 비유적으로 이르는 말이에요.

[대화]
- 이번에 수학 경시 대회에서 우승했다며?
- 훗, 그쯤이야.
- 작년에 정우한테 졌으면서.
- 그래서 또다시 그런 수모를 겪지 않으려고 와신상담했지.
- 어떻게?
- 매일 수학 경시 대회다 생각하고 열 문제씩 풀었거든.
- 365일 동안?
- 당연!
- 윽, 생각만 해도 숨 막힌다.
- 너도 매일 풀어 볼래?

[그림 속 말풍선]
- 꼭 이루고 말 거야!
- 목표! 국어 100점 / 영어 100점 / 수학 100점
- 으이구! 공부를 해야 성적이 오르지!
- 목표! 살빼기

비슷한 한자 성어

🔄 **절치액완(切齒扼腕)**: 이를 갈고 팔을 걷어붙이며 몹시 분해함.
切 끊을 절 齒 이 치 扼 잡을 액 腕 팔뚝 완

🔄 **회계지치(會稽之恥)**: '회계산에서의 수치'라는 뜻으로, 전쟁에 패한 치욕을 이르는 말.
會 모일 회 稽 상고할 계 之 갈 지 恥 부끄러울 치

臥 薪 嘗 膽
누울 와 섶 신 맛볼 상 쓸개 담

복수할 거야!

거친 땔나무에 누워 자고, 쓸개를 곁에 두고 맛보다

《사기》에 나오는 이야기예요. 춘추 전국 시대, 오나라의 왕 합려는 월나라와의 싸움에서 지고 적의 화살에 맞아 목숨을 잃고 말았어요. 합려의 아들 부차는 아버지의 복수를 잊지 않기 위해 딱딱한 땔나무 위에 누워 자며 때가 오기만을 기다렸어요. 이 사실을 안 월나라 왕 구천이 먼저 오나라를 공격했지만 오나라에 패해 부차의 신하가 되었어요. 이후 다시 고국으로 돌아간 구천은 항상 곁에 쓸개를 놔 두고 맛보면서 오나라에서의 치욕을 잊지 않으며 복수할 기회를 노렸어요. 10년쯤 지나 월나라 왕 구천이 오나라의 왕 부차를 굴복시키고 천하를 다스리게 되었답니다.

쓸개가 하는 일

쓸개는 쓸개즙을 저장하고 농축하는 주머니로, '담낭'이라고도 해요. 간에서는 지방의 소화를 돕는 쓸개즙이 만들어져요. 이 쓸개즙은 쓸개에 잠깐 동안 저장되었다가 음식물이 몸속으로 들어오면 분비되지요. 쓸개는 간 아래쪽에 붙어 있고, 길이는 약 7~10센티미터 정도예요.

쓸개가 없는 동물

대부분의 척추동물이나 어류에는 쓸개가 있지만 쓸개가 없는 척추동물도 있어요. 소, 말, 사슴, 당나귀, 낙타, 코끼리 등은 쓸개가 없어요. 따라서 간에서 분비된 쓸개즙이 바로 십이지장으로 분비되지요. 이러한 동물들은 대개 풀을 먹는 초식 동물들인데, 육식을 하지 않아 쓸개가 없도록 진화했다고 해요.

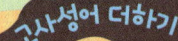
▼우황

약재로 쓰인 동물의 쓸개

예부터 동물의 쓸개는 약효가 매우 뛰어나 한약재로 쓰였어요. 허준이 쓴 《동의보감》에는 소의 쓸개 속에 생긴 '우황'은 정신을 안정시키고 가슴의 두근거림을 치료하며, 곰의 말린 쓸개인 '웅담'은 회충을 죽이고 눈병을 치료한다고 씌어 있어요.

고사성어 더하기

적신지탄(積薪之歎)
'모아서 쌓아 놓은 땔나무를 땔 때 늦게 쌓은 것부터 때다 보니 먼저 쌓인 것은 늘 밑바닥에 깔려 있게 된다'는 뜻으로, 오래도록 남 밑에 눌려서 등용되지 못한 처지를 한탄함을 이르는 말.

충간의담(忠肝義膽)
충성스러운 마음과 의로운 용기를 아울러 이르는 말.

완벽

'흠이 없는 구슬'이라는 뜻으로, 부족하거나 모자라서 흠이 되는 부분 없이 완전함을 이르는 말이에요. 원래는 보물인 고귀한 구슬을 무사히 지킨다는 뜻이었지만 아무런 결점이 없다는 뜻으로 사용되고 있답니다.

망했다!

완벽한 똥볼이야!

뻥

학원에 새로 온 애 봤어?

그 키만 큰 애?

키도 크고, 얼굴도 잘생겼고, 공부도 잘한다던데.

쳇!

어쩜 그렇게 완벽한 애가 있을 수 있지?

완벽은 무슨.

너 진짜 왜 그래?

왠지 걔랑 라이벌이 될 것만 같아.

헐!

같은 한자 성어
= 완벽귀조(完璧歸趙)

完 璧
완전할 완 | 구슬 벽

흠집 하나 없는 구슬

《사기》〈상여전〉에 나오는 이야기예요. 중국 진나라의 소양왕은 조나라의 혜문왕이 가진 귀한 구슬이 탐이 나 열다섯 개의 성을 줄 테니 맞바꾸자고 청했어요. 혜문왕의 사신 인상여는 소양왕이 성을 내주지 않으면 구슬을 흠집 하나 없는 완벽한 상태로 되가지고 오겠다고 말하고는 진나라로 떠났지요. 소양왕은 구슬을 보고 기뻐했지만 성을 주겠다는 말은 하지 않았지요. 인상여는 "왕께서는 성을 줄 생각이 없으시니 다시 구슬을 가져가겠습니다."라고 하고는 구슬을 가져왔어요.

화씨의 구슬

구슬은 보석이나 진주 등으로 둥글게 만든 물건을 말해요. 흔히 장신구로 쓰이지요. 조나라의 혜문왕이 가진 고귀한 구슬은 '화씨지벽(和氏之璧)'이라는 옥구슬이에요. 화씨지벽은 '화씨의 구슬'이라는 뜻으로, 세상에서 가장 귀한 옥을 이르는 말이지요. 초나라 사람 화씨가 옥돌 원석을 왕에게 바쳤지만 쓸모없는 돌을 바쳤다는 오해를 받고 왼쪽 다리와 오른발을 잘렸어요. 화씨는 억울하여 사흘 밤낮으로 울었고, 그 사연을 알게 된 새로운 왕이 그 원석을 다듬게 하였고, 결국 천하에 둘도 없는 보물이 되었지요. 그 보물이 바로 화씨의 구슬이랍니다.

옥에 티를 찾아라!

조그마한 흠을 티라고 해요. 《회남자》의 〈설림훈〉 편에 나오는 '옥티'라는 말은 옥에 있는 티라는 뜻으로 나무랄 데 없이 훌륭하거나 좋은 것에 있는 사소한 흠을 이르는 말이지요. 우리나라 속담인 '옥에도 티가 있다'는 말은 아무리 훌륭한 사람 또는 좋은 물건도 자세히 따지고 보면 사소한 흠은 있다는 말이랍니다.

완벽한 인체를 그린 〈비트루비안 맨〉

이탈리아 화가 레오나르도 다빈치가 그린 〈비트루비안 맨〉이라는 그림이에요. 다빈치는 로마의 유명한 건축가 비트루비우스가 쓴 책에서 "인체는 비례의 모범이다. 사람이 팔과 다리를 뻗으면 완벽히 정사각형과 원에 딱 들어맞기 때문이다."라는 글을 보고, 그것을 토대로 그림을 그렸어요.

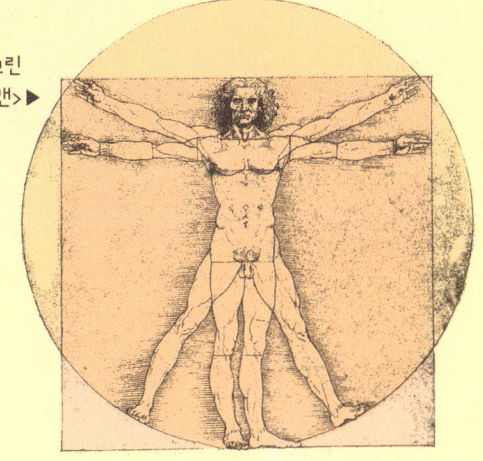

레오나르도 다빈치가 그린 〈비트루비안 맨〉▶

42 외유내강

'바깥은 부드럽고 안은 굳세다'는 뜻으로, 겉으로 보기에는 부드럽고 순하나 마음속은 꿋꿋하고 강하다는 것을 이르는 말이에요.

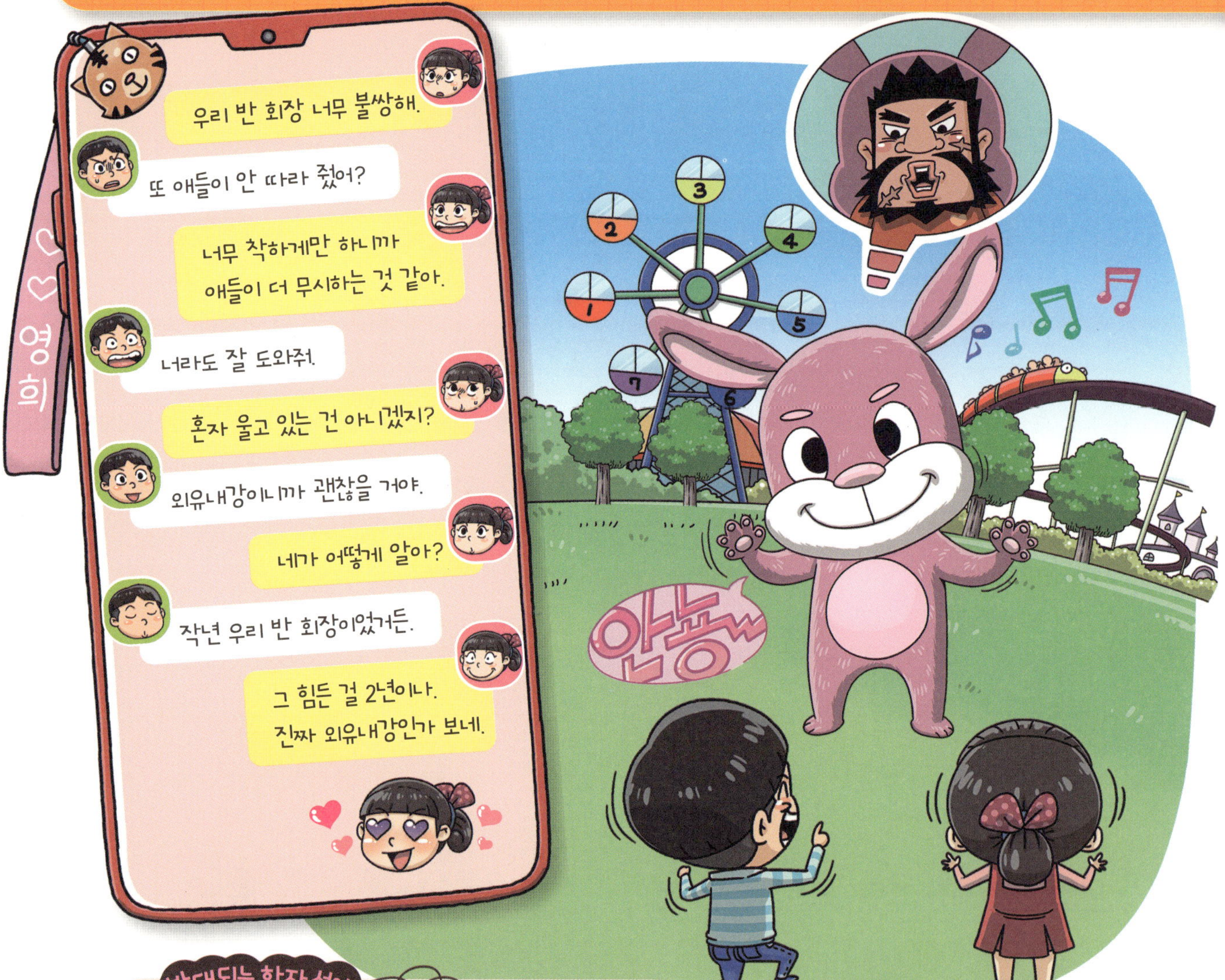

영희

- 우리 반 회장 너무 불쌍해.
- 또 애들이 안 따라 줬어?
- 너무 착하게만 하니까 애들이 더 무시하는 것 같아.
- 너라도 잘 도와줘.
- 혼자 울고 있는 건 아니겠지?
- 외유내강이니까 괜찮을 거야.
- 네가 어떻게 알아?
- 작년 우리 반 회장이었거든.
- 그 힘든 걸 2년이나. 진짜 외유내강인가 보네.

반대되는 한자 성어

➡ **외강내유(外剛內柔)** : 겉으로 보기에는 강하게 보이나 속은 부드러움.

外 바깥 외 剛 굳셀 강 內 안 내 柔 부드러울 유

같은 한자 성어

= **내강외유(內剛外柔)**

外 柔 内 剛
바깥 외 / 부드러울 유 / 안 내 / 굳셀 강

겉보기는 부드러우나 마음은 강하다

《당서》〈노탄전〉에 나오는 이야기예요. 중국 당나라의 황제가 요남중이라는 인물을 절도사에 임명했어요. 하지만 군대 감독관인 설영진은 요남중이 글만 읽어 세상 물정을 모른다는 이유로 그를 반대했어요. 이에 노탄은 요남중은 겉보기에는 부드럽고 순하나 마음은 강하다고 말하며 설영진이 인사에 동의해 줄 것을 청했지요.

외유내강의 성격

한 사람이 가지고 있는 고유의 성질이나 품성을 '성격'이라고 해요. 그 사람의 마음씨는 성격으로 나타나지요. '외유'라는 것은 다른 사람을 대하는 타고난 마음씨가 온순하고, 다른 사람을 대하는 태도가 따뜻하다는 걸 말해요. 또 '내강'이라는 것은 사람의 기개, 의지, 태도나 마음가짐이 올곧고 굳세다는 뜻이지요. 사회적으로 존경받거나 성공한 사람들은 외유내강의 성격이 많다고 해요. 자신의 신념을 꿋꿋하게 지키는 사람들은 어떤 어려움이 닥쳐도 흔들림 없이 유연하게 대처할 수 있는 힘이 있답니다.

성격을 나타내는 표현

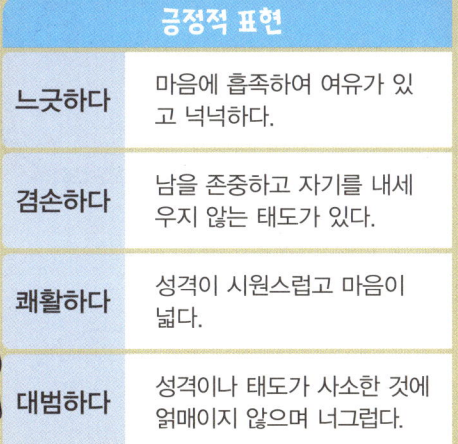

긍정적 표현	
느긋하다	마음에 흡족하여 여유가 있고 넉넉하다.
겸손하다	남을 존중하고 자기를 내세우지 않는 태도가 있다.
쾌활하다	성격이 시원스럽고 마음이 넓다.
대범하다	성격이나 태도가 사소한 것에 얽매이지 않으며 너그럽다.

부정적 표현	
성급하다	성질이 급하다.
옹졸하다	성품이 너그럽지 못하고 생각이 좁다.
경망스럽다	행동이나 말이 가볍고 조심성 없는 데가 있다.
소심하다	대담하지 못하고 조심성이 지나치게 많다.

고사성어 더하기

- **도외시(度外視)** 상관하지 아니하거나 무시함.
- **내우외환(內憂外患)** 나라 안팎의 여러 가지 어려움.
- **내성불구(內省不疚)** 자기 자신을 돌이켜 보아 부끄러움이 없음.

43 용두사미

'용의 머리에 뱀의 꼬리'라는 뜻으로, 처음 시작은 좋았으나 끝이 보잘것없이 부진하거나 흐지부지되는 경우를 가리키는 말이에요.

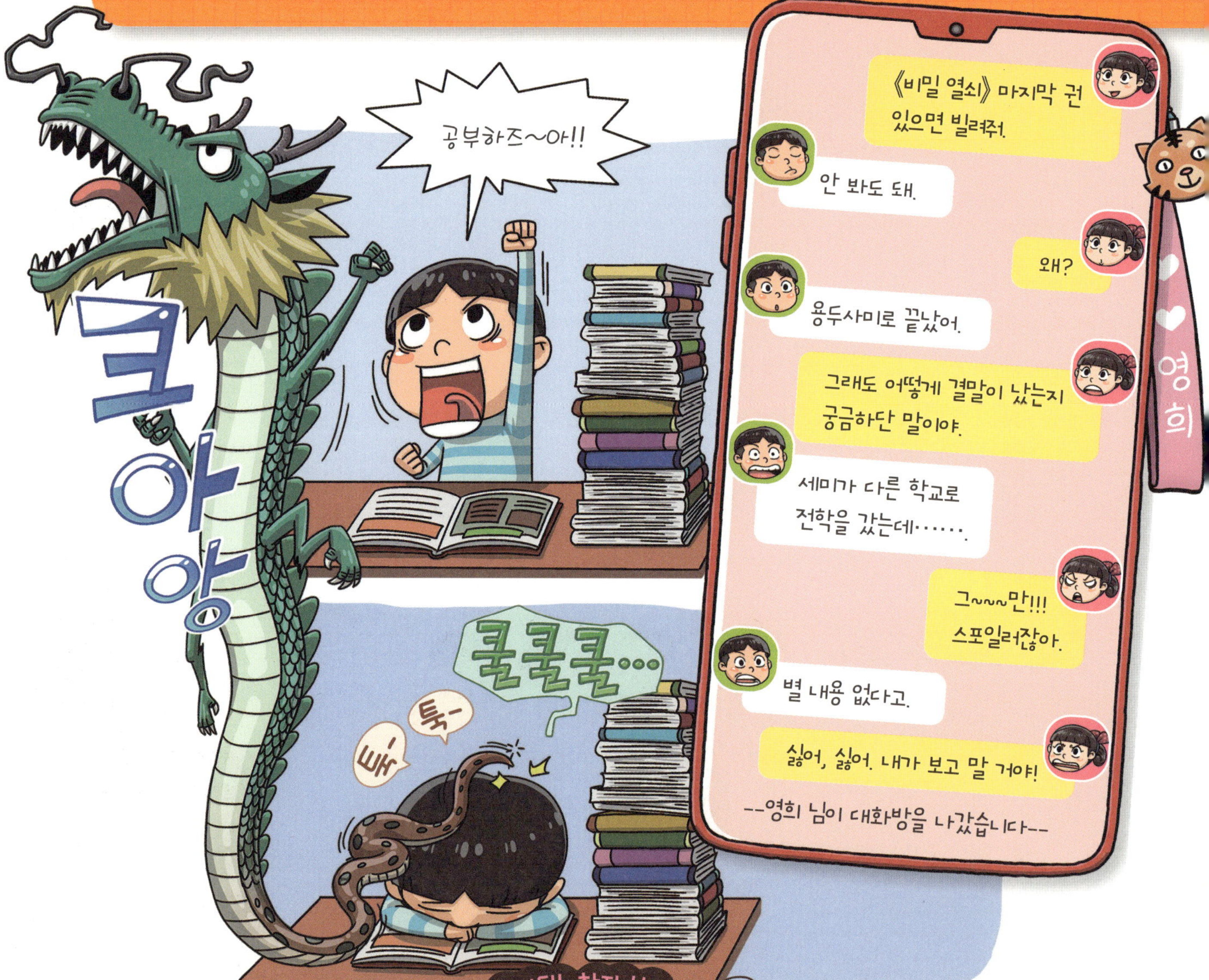

공부하즈~아!!

쿨쿨쿨···

《비밀 열쇠》 마지막 권 있으면 빌려줘.

안 봐도 돼.

왜?

용두사미로 끝났어.

그래도 어떻게 결말이 났는지 궁금하단 말이야.

세미가 다른 학교로 전학을 갔는데······

그~~만!!! 스포일러잖아.

별 내용 없다고.

싫어, 싫어. 내가 보고 말 거야!

--영희 님이 대화방을 나갔습니다--

반대되는 한자 성어

↔ **시종일관(始終一貫)** : 일 따위를 처음부터 끝까지 한결같이 함.
始 처음 시 終 마칠 종 一 한 일 貫 꿸 관

龍	頭	蛇	尾
용 용(룡)	머리 두	뱀 사	꼬리 미

시작은 용의 머리, 마무리는 뱀의 꼬리

《전등록》에 나오는 이야기예요. 참선하는 스님들끼리는 진리를 찾기 위해 묻고 답하는 선문답을 즐겨 해요. 송나라의 스님 진존자가 어느 스님을 만나 선문답을 시작했더니 갑자기 상대가 "에잇!" 하면서 호통을 쳤어요. 진존자는 큰소리친 그 스님이 제법 도를 닦은 스님인 듯싶어 "허허, 야단맞았군." 하자, 그 스님이 또다시 호통했지요. 어쩐지 수상쩍어 진존자가 "호령하는 위세는 좋은데 문답은 어떻게 마무리할 셈이오?"라고 물으니, 그 스님은 입을 다물어 버렸답니다.

별별 용머리

- **용머리** : 숲속에서 자라는 높이 15~40센티미터의 풀이에요. 6~7월에 보라색 꽃이 피고, 끝이 입술 모양이며 자주색 점이 있어요.
- **용머리기와** : 집의 합각머리(지붕 위의 양옆에 人자 모양을 이루고 있는 각의 옆면)나 너새 끝에 얹는 용의 머리처럼 생긴 물건이에요.
- **용머리 해안** : 제주도 서귀포시 산방산 앞자락에 위치한 용머리 해안은 산방산의 줄기가 바다로 뻗어 기암절벽을 이루고 있는 모양이 마치 용의 머리와 같다 해서 붙여진 이름이에요. 천연기념물 제526호로 지정되어 있지요.

▼용머리

▼용머리기와

▶용머리 해안

탈무드의 〈머리와 꼬리〉 이야기

뱀의 꼬리는 늘 머리가 가는 대로만 따라가는 게 못마땅해서 불만이었어요. 머리는 꼬리에게 앞을 볼 수 있는 눈, 위험을 알아차릴 귀와 혀, 행동을 결정하는 뇌가 없어서 어쩔 수 없는 거라고 설명했지만, 꼬리는 도무지 말을 듣지를 않았어요. 머리는 하는 수 없이 꼬리에게 역할을 바꿔 보자고 제안했지요. 신이 난 꼬리는 머리를 끌고 가다 깊은 웅덩이에 굴러떨어졌고, 가시덩굴에 갇혔다가 결국 산불이 난 곳으로 기어 들어가 죽고 말았다는 이야기예요.

고사성어 더하기

➕ **양두구육(羊頭狗肉)**
'양의 머리를 걸어 놓고 개고기를 판다'는 뜻으로, 겉보기만 그럴듯하게 보이고 속은 변변하지 아니함을 이르는 말.

44 우공이산

'우공이 산을 옮긴다'는 뜻으로, 어떤 일이든 끊임없이 노력하면 언젠가는 반드시 이루어짐을 이르는 말이에요.

축 영희 할머니 천자문 완독!

80세 1000자
50세 600자
20세 100자
10세 시작!

千字文

해냈구먼.

채팅:
- 천자문 다 외웠어?
- 아니.
- 한 달 안에 다 뗀다더니, 역시. ㅋㅋ
- 비웃는 거냐?
- 그냥 웃기네. ㅋㅋㅋㅋ
- 비록 한 달 안에 다 외우지 못했지만 끝까지 할 거야.
- 오, 각오를 다지는 거야?
- 우공이산의 마음으로 할 거라고!
- 우공이 할아버지가 산을 옮기는 게 더 빠를 것 같은데.
- 죽을래?
- 미안, 미안.

비슷한 한자 성어

🟠 **마부작침(磨斧作針)** : '도끼를 갈아서 바늘을 만든다'는 뜻으로, 아무리 어려운 일이라도 끊임없이 노력하면 반드시 이룰 수 있음을 이르는 말.

磨 갈 마 斧 도끼 부 作 지을 작 針 바늘 침

🟠 **십벌지목(十伐之木)** : '열 번 찍어 베는 나무'라는 뜻으로, 열 번 찍어 안 넘어가는 나무가 없음을 이르는 말.

十 열 십 伐 칠 벌 之 갈 지 木 나무 목

愚 公 移 山

愚	公	移	山
어리석을 우	공평할 공	옮길 이	뫼 산

산을 깎는 일에 마음을 쏟은 우공

《열자》〈탕문〉 편에 나오는 이야기예요. 옛날 중국 북산에 우공이라는 90세 된 노인이 살고 있었어요. 노인이 사는 곳은 타이항산과 왕우산이 이웃해 있었는데, 두 산이 북쪽을 막아 왕래가 불편했어요. 우공은 가족을 모아 놓고 산을 깎아 평지를 만들자고 제안했지요. 그날 이후 아들, 손자와 함께 돌을 깨고 흙을 파서 나르기를 반복했어요. 그런데 지수라는 사람이 이를 비웃었어요. 하지만 우공은 "내가 죽는다 하더라도 아이들은 남을 테고, 자자손손 이어 가면 언젠가는 반드시 평평해질 것이오."라고 말했지요. 우공의 진심에 감동한 하느님이 산을 옮겨 주었고, 높은 두 산은 없어지게 되었어요.

▶ 타이항산

타이항산과 왕우산

우공이 옮기려고 한 타이항산과 왕우산은 중국에 실제로 있는 산으로, 명산으로 꼽혀요. 중국 화베이, 산시성과 허베이성 사이에 있는 타이항산은 남북으로 약 600킬로미터, 동서로 250킬로미터까지 뻗어 있는 커다란 산이에요. 최고봉 샤오우타이산의 높이는 약 2870미터이고, 철과 석탄 등의 지하자원이 많이 매장되어 있어요. 중국 허난성 서북부 지위안시에 있는 왕우산은 최고봉의 높이가 약 1716미터예요. 산중의 굴이 마치 왕자의 궁과도 같다 하여 왕우산이라 불려요. 2006년에 세계 지질 공원으로 지정되었어요.

노력에 관한 속담

우공이산처럼 노력하면 반드시 이룰 수 있음을 뜻하는 우리나라 속담으로 '티끌 모아 태산', '무쇠도 갈면 바늘 된다' 등이 있어요. '티끌 모아 태산'은 작거나 적은 것도 많이 모이면 큰 것이 된다는 뜻이고, '무쇠도 갈면 바늘 된다'는 아무리 어려운 일이라도 꾸준히 노력하면 언젠가 이룰 수 있음을 뜻해요.

고사성어 더하기

➕ **우자일득**(愚者一得)
어리석은 사람이라도 한 가지 잘하는 것이 있음.

➕ **여세추이**(與世推移)
세상이 변하는 대로 따라 변함.

45 유비무환

미리 준비가 되어 있으면 전혀 걱정할 것이 없고, 재난을 당하지 않는다는 뜻이에요.

비슷한 한자 성어

➡ **안거위사(安居危思)** : 편안할 때에 어려움이 닥칠 것을 미리 대비하여야 함.
安 편안 안 居 살 거 危 위태할 위 思 생각 사

有	備	無	患
있을 유	갖출 비	없을 무	근심 환

갖춘 것이 있어야만 근심이 없다

《서경》〈열명〉편에 나오는 이야기예요. 〈열명〉은 은나라 고종이 부열이라는 어진 재상을 얻게 되는 과정과 부열의 정사에 대한 의견, 그 의견을 실천하는 내용을 기록한 글이에요. 유비무환은 부열이 고종 임금에게 올린 말 가운데 들어 있어요.

생각이 옳으면 이를 행동으로 옮기되 그 옮기는 것을 시기에 맞게 하십시오. 스스로 그것이 옳다는 생각을 가지고 있으면 그 옳은 것을 잃게 되고, 스스로 그것을 자랑하게 되면 그 공을 잃게 됩니다. 오직 모든 일은 다 갖춘 것이 있는 법이니 갖춘 것이 있어야만 근심이 없게 될 것입니다.

가뭄에 단비 같은 부열

은나라 고종 때 사람인 부열은 부암에서 담장을 쌓는 노예였어요. 어느 날, 고종이 꿈에서 성인을 보았는데, 이름이 '열'이라고 했지요. 고종은 기억을 더듬어 꿈속에서 본 인상을 그리게 했고, 부암의 들판에서 그를 찾았어요. 그가 바로 부열이지요. 부열은 덕이 높으며 사리를 바르게 판단하고 일을 잘 처리해서 고종이 그를 재상으로 삼았어요. 고종이 부열에게 "가물 때라면 너를 장맛비로 삼겠다."고 할 정도로 부열을 신임했답니다.

지팡이를 짚으면 안 넘어져!

유비무환과 비슷한 뜻을 가진 우리나라 속담으로 '넘어지기 전에 지팡이 짚다'가 있어요. 지팡이를 짚지 않고 걸어가면 넘어질 확률이 커요. 그러나 평소에 지팡이를 짚고 다니면 넘어질 위험이 없지요. 이렇듯 이 속담은 어떤 일에 실패하거나 화를 입기 전에 대비함을 비유적으로 이르는 말이에요.

실패한 뒤에 후회할래?

유비무환과 반대의 뜻을 지닌 고사성어 '망양보뢰(亡羊補牢)'는 '양을 잃고 우리를 고친다'는 뜻으로, 이미 어떤 일을 실패한 뒤에 뉘우쳐도 아무 소용이 없음을 이르는 말이에요. 이와 같은 뜻을 가진 우리나라 속담으로는 '소 잃고 외양간 고친다'가 있어요.

고사성어 더하기

- **변화무상**(變化無常)
  늘 변화하여 일정하지 않음.

- **화복무문**(禍福無門)
  재앙이나 복은 운명적인 것이 아니라 사람이 선한 일을 하거나 악한 일을 함에 따라서 각기 받는다는 말.

- **양호유환**(養虎遺患)
  '범을 길러서 화근을 남긴다'는 뜻으로, 위협이 될 것을 남겨 두었다가 훗날 화를 입게 됨을 이르는 말.

◀ 몸을 아래로 향한 새, 몸을 위로 향한 도마뱀, 사슴 발이 조각되어 있는 지팡이

46 유언비어

'떠돌아다니는 말' 또는 '흘러 다니는 말'이라는 뜻으로, 말한 사람도 없는데 터무니없이 떠도는 말이나 아무 근거 없이 널리 퍼진 소문을 이르는 말이에요.

비슷한 한자 성어

- **가담항설(街談巷說)**: 거리나 항간에 떠도는 소문.
  街 거리 가 談 말씀 담 巷 거리 항 說 말씀 설

- **부언낭설(浮言浪說)**: 아무 근거 없이 널리 퍼진 소문.
  浮 뜰 부 言 말씀 언 浪 물결 낭 說 말씀 설

流言蜚語

流	言	蜚	語
흐를 유(류)	말씀 언	날 비	말씀 어

거짓 소문을 퍼뜨리다

《사기》〈위기무안후열전〉에 나오는 이야기예요. 중국 전한 때, 대장군 두영은 이웃 나라의 침략을 평정한 공을 세워 많은 대신들이 그를 존경했어요. 그러나 왕족 출신인 전분이 점차 세력을 키우자 모두 전분의 환심을 사려고 두영에게 등을 돌렸지요. 그러던 어느 날 대신들이 모인 술자리에서 말다툼이 일어났어요. 그 과정에서 두영과 그를 따르던 장군 관부가 전분에게 무례를 범해 전분이 그들을 옥에 가두었어요. 하지만 지난날에 세운 공으로 두영이 곧 풀려나려고 하자 전분은 두영이 옥중에서 황제를 헐뜯고 욕한다는 유언비어를 나라 곳곳에 퍼뜨렸어요. 결국 이 거짓 소문이 황제의 귀에 들어가 두영은 처형당하고 말았지요.

유언과 비어

유언비어는 '유언'과 '비어'라는 두 낱말이 하나로 합쳐진 말이에요. '유언'은 떠돌아다니는 말 또는 흘러 다니는 말이라는 뜻이고, '비어'는 날아다니는 말을 의미해요. '비(蜚)'는 바퀴벌레, 쌕쌔기, 풍뎅이 등의 곤충 이름을 뜻하는 한자이지만, 옛날에는 '날다'라는 뜻을 가진 '비(飛)'와 발음이 같아 같은 뜻으로 함께 썼어요.

고사성어 더하기

➕ **유수불부(流水不腐)**
'흐르는 물은 썩지 아니한다'는 뜻으로, 늘 움직이는 것은 썩지 아니함을 이르는 말.

➕ **삼년불비(三年不蜚)**
'삼 년 동안이나 날지 않는다'는 뜻으로, 훗날 큰 뜻을 펼칠 날을 기다림을 이르는 말.

말과 관계된 한자 성어

- **감언이설(甘言利說)**
  솔깃한 말로 남의 비위를 맞추거나 이로운 조건을 내세워 꾀는 말이에요.

- **교언영색(巧言令色)**
  아첨하는 말과 알랑거리는 태도이지요.

- **구밀복검(口蜜腹劍)**
  말로는 친한 듯하나 속으로는 해칠 생각이 있음을 이르는 말이랍니다.

- **눌언민행(訥言敏行)**
  말은 느려도 실제 행동은 빠르다는 뜻이에요.

- **도청도설(道聽塗說)**
  길거리에 퍼져 돌아다니는 뜬소문을 이르는 말이에요.

- **언중유골(言中有骨)**
  말 속에 뼈가 있다는 뜻으로, 예사로운 말 속에 속뜻이 들어 있음을 이르는 말이지요.

47 이심전심

'마음에서 마음으로 전한다'는 뜻으로, 말을 주고받지 않아도 서로의 뜻과 마음이 통한다는 말이에요.

비슷한 한자 성어

- **심심상인(心心相印)** : 말없이 마음과 마음으로 뜻을 전함.
  心 마음 심   心 마음 심   相 서로 상   印 도장 인

- **불립문자(不立文字)** : 불도의 깨달음은 마음에서 마음으로 전하는 것이므로 말이나 글에 의지하지 않는다는 말.
  不 아닐 불   立 설 립   文 글월 문   字 글자 자

- **염화미소(拈華微笑)** : 말로 통하지 아니하고 마음에서 마음으로 전하는 일.
  拈 집을 염   華 빛날 화   微 작을 미   笑 웃음 소

以 心 傳 心
써 이 / 마음 심 / 전할 전 / 마음 심

▲ 연꽃과 연잎

연꽃 한 송이의 뜻

《오등회원》에 나오는 이야기예요. 어느 날 석가모니가 제자들을 불러 모아 연꽃 한 송이를 집어 들고 보여 주었는데, 가섭만이 그 뜻을 깨닫고 빙긋 웃었어요. 연꽃은 진흙 속에 살지만 꽃과 잎에는 진흙이 묻지 않듯이 불자 역시 세속의 추함에 물들지 말고 오직 선을 행하라는 뜻이었지요. 석가는 가섭에게 인간이 원래 갖추고 있는 마음의 묘덕과 번뇌를 벗어나 진리에 도달한 마음, 불변의 진리, 진리를 아는 마음, 언어나 경전에 의하지 않고 이심전심으로 전하는 오묘한 뜻을 전해 주었어요.

마음과 마음이 통하다

사람이 본래부터 지닌 성격이나 품성을 마음이라고 해요. 모든 사람이 누구나 가지고 있는 것이지요. 마음은 실제로 눈에 보이는 것은 아니지만 말, 행동, 성격 등을 통해서 겉으로 드러나요. 석가모니가 불교의 진리를 전할 때 어떤 말이나 글을 사용하지 않고 마음과 마음으로써 뜻을 깨닫게 한다는 것에서 유래된 이심전심은 오늘날에는 마음과 마음으로 서로 뜻이 통한다는 뜻으로 써요.

알아 두면 쓸 데 있는 마음 사전

마음눈	사물을 살펴 분별하는 능력
마음결	마음의 바탕
마음고생	마음속으로 겪는 고생
마음새	마음을 쓰는 성질
큰마음	크고 넓게 생각하는 마음씨
참마음	거짓 없는 진실한 마음 또는 속에 품고 있는 진짜 마음
겉마음	겉으로만 드러나는 진실하지 않은 마음
뜬마음	헛되거나 들뜬 마음
군마음	쓸데없는 생각을 품은 마음

텔레파시

마음속 생각이나 감정을 주고받는 심령 능력을 '텔레파시'라고 해요. 그리스어에서 '먼 거리'를 뜻하는 'tele'와 '느낌'인 'pathe'를 합쳐 만든 용어로, '떨어진 곳에서 느끼기'라는 의미이지요. 1882년 프레더릭 마이어스가 만든 말로 두 사람 사이에 감각을 사용하지 않고, 서로 뜻이 통하는지 확인하는 것이에요.

고사성어 더하기

- **수구초심(首丘初心)**
'여우가 죽을 때에 머리를 자기가 살던 굴 쪽으로 둔다'는 뜻으로, 고향을 그리워하는 마음을 이르는 말.

- **구마지심(狗馬之心)**
'개나 말이 주인에 대하여 가지는 충성심'이란 뜻으로, 자기의 진심을 낮추어 이르는 말.

- **인면수심(人面獸心)**
'사람의 얼굴을 하고 있으나 마음은 짐승과 같다'는 뜻으로, 마음이나 행동이 몹시 흉악함을 이르는 말.

48 일거양득

'한 번에 둘을 얻는다'는 뜻으로, 한 가지 일을 하여 두 가지 이익을 거두는 것을 말해요.

낚시도 하고 바다 청소도 하고 일거양득 맞네!

이, 이게 뭐야?

요즘에 공부하는 모습 영상에 담아서 너튜브에 올리는 게 유행이래.

공부하는 걸 왜 찍어 올리냐?

공부도 하고, 인기 너튜버도 되고. 일거양득이라고!

나도 한번 올려 볼까?

그래, 너도 공부하는 거 올려 봐.

아니, 난 노는 거 올릴 거야.

노는 거?

노는 모습을 사람들이 더 좋아하지 않을까? 대리 만족으로!

너답다. -_-;;

같은 한자 성어
- 일거이득 (一擧二得)

一	擧	兩	得
한 일	들 거	두 양(량)	얻을 득

한 번에 두 가지 이득을 얻다

《진서》〈속석전〉에 나오는 이야기예요. 중국 서진에 속석이라는 박학다식한 선비가 있었어요. 속석은 임금에게 올리는 상소문에 "하북의 돈구군 일대에 들어와 사는 사람들을 다시 서쪽의 개척민으로 이주시키면 좋을 듯합니다. 그들에게 10년 동안 세역을 면제하여 두 번 이주한 것에 대한 보상을 한다면 안으로는 평안해지고, 서쪽 교외의 밭을 일구어 농사의 큰 이익이 되어 한 번에 두 가지 이득을 얻게 될 것입니다."라고 하였어요.

비슷한 의미를 가진 한자 성어

우리가 자주 쓰는 '일석이조(一石二鳥)'는 '돌 한 개를 던져 새 두 마리를 잡는다'는 뜻으로, 《북사》의 '일전쌍조(一箭雙鳥)'에서 나온 말이에요. 일전쌍조는 '화살 하나로 수리 두 마리를 맞혀 떨어뜨린다'는 뜻으로, 일거양득과 마찬가지로 한 가지 일을 하여 두 가지 이득을 취함을 이르는 말이지요.

일거양득과 같은 뜻을 가진 속담

일거양득과 같은 뜻을 가진 우리나라 속담으로는 꿩도 잡고 꿩이 품은 알도 한꺼번에 얻는다는 뜻의 '꿩 먹고 알 먹기'와 지저분한 도랑을 깨끗이 치우던 중 뜻하지 않게 가재도 잡게 되었다는 뜻의 '도랑 치고 가재 잡는다', 굿도 보고 무당이 차려 놓은 떡도 먹는다는 뜻의 '굿도 볼 겸 떡도 먹을 겸' 등이 있어요.

하나도 못 얻는다

일거양득과는 반대의 의미를 가진 '일거양실(一擧兩失)'은 '한 가지 일을 하여 다른 두 가지 일을 잃는다'는 뜻이에요. 우리나라 속담 '토끼 둘을 잡으려다가 하나도 못 잡는다'도 욕심을 부려 한꺼번에 여러 가지 일을 하려 하면 그 가운데 하나도 이루지 못한다는 말로, 일거양득과는 반대되는 의미를 가지지요.

▶ 수꿩인 장끼(왼쪽)와 암꿩인 까투리(오른쪽)

고사성어 더하기

+ **일거수일투족(一擧手一投足)**
'손 한 번 들고 발 한 번 옮긴다'는 뜻으로, 크고 작은 동작 하나하나를 이르는 말.

+ **천려일득(千慮一得)**
'천 번을 생각하여 하나를 얻는다'는 뜻으로, 어리석은 사람이라도 많은 생각을 하면 그 과정에서 한 가지쯤은 좋은 것이 나올 수 있음을 이르는 말.

49 임기응변

그때그때 처한 뜻밖의 일을 재빨리 그 자리에서 알맞게 결정하거나 처리함을 이르는 말이에요.

대단한 임기응변이야!

카톡 대화:
- 어휴, 큰일 날 뻔했네.
- 무슨 일 있었어?
- 어떤 무서운 형들이 나를 막 따라오는 거야.
- 그래서 어떻게 했는데?
- 임기응변으로 위기를 넘겼지.
- 어떻게?
- 지나가던 아저씨 옆에 바짝 붙어서 아빠랑 걷는 척했지.
- 그 아저씨… 우리 아빠였어. 철수 네가 갑자기 팔짱 껴서 깜짝 놀라셨대.
- 헤헤, 몰라보았네 ^^;;

같은 한자 성어
- 응변(應變)
- 임시응변(臨時應變)

비슷한 한자 성어

수기응변(隨機應變): 그때그때의 기회에 따라 일을 적절히 처리함.
隨 따를 수 機 때 기 應 응할 응 變 변할 변

수시응변(隨時應變): 그때그때 변하는 대로 따라 함.
隨 따를 수 時 때 시 應 응할 응 變 변할 변

臨	機	應	變
임할 임(림)	틀(때) 기	응할 응	변할 변

▲ 대나무에 쓰인 《손자병법》

손무 동상 ▶

자신의 실수에 대한 대처

《진서》〈손초전〉에 나오는 이야기예요. 중국 서진에서 관직에 몸을 담고 있던 손초는 어느 날 친구에게 세상을 피해 숨어 살겠다고 하며 "수석침류(돌로 양치질을 하고 흐르는 물을 베개로 삼다)"라고 말하였어요. 하지만 친구가 "침석수류(돌로 베개를 삼고 흐르는 물에 양치질을 하다)"가 맞는 말이라고 지적하자, 손초는 "흐르는 물을 베개로 삼겠다고 한 것은 더러운 말을 들으면 귀를 씻기 위함이고, 돌로 양치질을 한다고 한 것은 이를 튼튼하게 하기 위함일세."라고 말하며 자신의 실수를 임기응변으로 대처했지요.

《손자병법》의 임기응변

중국 춘추 시대 말 전략가인 손무가 지은 《손자병법》은 전쟁에서의 전략 전술의 법칙과 중국의 전쟁 체험을 모아 정리한 병법서예요. 총 13편의 기술이 실려 있는데, 8편은 '구변'으로 구체적 형세에 따라 상황에 맞게 변신하라는 임기응변에 대해서 알려 줘요. 군대를 이끌고 전쟁에 나갈 때에는 '움푹 파인 축축한 땅에서는 머물지 말라', '길이 사방으로 뚫린 땅에서는 먼저 이웃 나라와 사귀어 도움을 얻어야 한다'는 등 변화 상황에 대한 대응을 자세히 알려 주지요.

흙을 구워 만든 중국 진나라 병사 모형 ▶

임기응변에서 필요한 것

어떤 일을 하거나 뜻밖의 일이 갑자기 일어날 때 임기응변이 필요해요. 임기응변에 필요한 세 가지만 알고 있으면 어떤 상황에서도 잘 대처할 수 있어요.

- **순발력**: 순간적으로 판단하여 말하거나 행동하는 능력을 말해요.
- **판단력**: 사물을 인식하여 논리나 기준 등에 따라 판정할 수 있는 능력을 말해요.
- **기지**: 경우에 따라 재치 있게 대응하는 지혜를 말해요.

고사성어 더하기

➕ **동성상응**(同聲相應)
'같은 소리끼리는 서로 응하여 울린다'는 뜻으로, 같은 무리끼리 서로 통하고 자연히 모인다는 말.

➕ **창상지변**(滄桑之變)
'푸른 바다가 뽕밭으로 바뀌는 변화'라는 뜻으로, 자연이나 사회에 심한 변화가 일어남. 또는 그 일어난 변화를 이르는 말.

50 입신양명

'자신의 지위를 확고하게 세워 이름을 알린다'는 뜻으로, 사회적으로 높은 지위에 오르거나 유명하게 되어 이름을 세상에 떨친다는 말이에요.

비슷한 한자 성어

- **등달(騰達)**: 사회적으로 높은 지위에 오르거나 유명하게 됨.
  騰 오를 등 達 통달할 달

- **입신출세(立身出世)**: 성공하여 세상에 이름을 떨침.
  立 설 입 身 몸 신 出 날 출 世 인간 세

立	身	揚	名
설 입(립)	몸 신	날릴 양	이름 명

효도의 시작과 마침

▲ 어사화를 꽂은 과거에 급제한 선비

《효경》에 나오는 말이에요.

　신체의 머리털과 살갗은 부모에게서 받은 것이니 감히 손상하지 아니함이 효도의 시작이고, 입신출세하여 도를 행하여 후세에 이름을 드날려 부모를 드러내는 것이 효도의 마침이다.

여기서 나온 '입신(立身)'은 세상에서 떳떳한 자리를 차지하고 지위를 확고하게 세운다는 뜻으로, 곧 '입신양명'을 뜻하지요.

효를 가르치는 책

《효경》은 유교 경전의 하나로, 공자가 제자인 증자에게 전한 효도에 관한 논설 내용을 기록한 책이에요. 우리나라에서는 조선 시대에 여러 차례 간행하여 보급하였는데, 효의 원칙과 규범을 수록하고 있어 어린아이에서부터 임금에 이르기까지 모든 사람의 필독서였어요. 이후 효는 우리나라 전통 윤리관의 중심 사상으로 자리 잡게 되었지요.

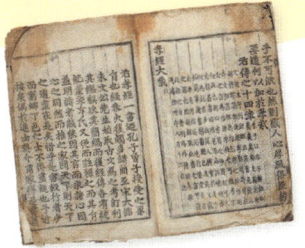

▲ 주자가 개편한 《효경》에 주석을 단 《효경대의》

부모님을 위한 입신양명

입신양명의 원래 뜻은 부모에게서 받은 몸으로 자랑스러운 자식이 되기 위해 노력하고, 후세에 이름을 떨쳐 부모를 기쁘게 해 드리는 것이에요. 오늘날에는 효도로서의 의미보다는 스스로 사회적 지위를 높이고 성공하는 것을 의미하지요.

신체발부수지부모

상투에 씌우는 상투관 ▼

'신체의 머리털과 살갗은 부모에게서 받은 것이니 감히 손상하지 아니함'을 나타내는 한자 성어는 '신체발부수지부모(身體髮膚受之父母)'예요. 사람의 신체와 머리카락과 살갗은 부모에게서 받은 것이니 이것을 손상시키지 않는 것이 효의 시작임을 나타내는 구절이지요. 그래서 옛날에는 결혼을 하지 않은 남자와 여자는 머리카락을 자르지 않고 머리를 땋았고, 혼인한 여자는 얹은머리를, 남자는 상투를 틀었지요.

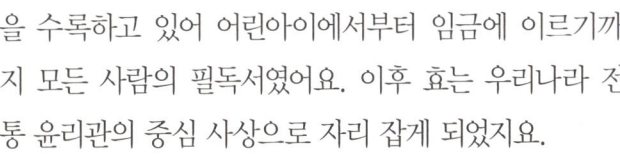

머리카락을 길게 땋아 끝을 댕기로 묶은 머리 모양 ▶

> **고사성어 더하기**
>
> ➕ **가도벽립(家徒壁立)**
> '집 안에 세간살이는 하나도 없고 네 벽만 서 있다'는 뜻으로, 매우 가난하다는 말.
>
> ➕ **의기양양(意氣揚揚)**
> 뜻한 바를 이루어 만족한 마음이 얼굴에 나타난 모양.
>
> ➕ **명산대천(名山大川)**
> 이름난 산과 큰 내.

51 자포자기

'자신을 스스로 해치고 버린다'는 뜻으로, 절망에 빠져 자신을 스스로 포기하고 돌아보지 않으며 몸가짐이나 행동을 되는 대로 취한다는 말이에요.

같은 한자 성어
- 자기(自棄)
- 자포(自暴)
- 포기(暴棄)

自	暴	自	棄
스스로 자	사나울 포	스스로 자	버릴 기

▶ 포기하지 않았던 헬렌 켈러와 앤 설리번

올바른 길을 버리다

《맹자》〈이루상〉 편에 나오는 말이에요.

> 자포하는 자와는 함께 말할 수 없다. 자기하는 자와는 함께 행동할 수 없다.
> 예의 도덕을 비방하는 것을 스스로 해치는 것(자포)이라고 하고, 인과 의를 따르지 않는 것을 스스로 버리는 것(자기)이라고 이른다.

즉 말을 함부로 하는 것은 어질고 바른 것을 멀리하는 태도이고, 행동을 되는 대로 하는 것은 올바른 길을 버리고 행하려 하지 않는 태도라는 것이지요.

체념의 뜻으로 사용된 자포자기

자포자기는 맹자가 '인의'를 설명하기 위해 사용한 말로, 도덕의 근본이념인 '인'은 평화로운 가정 같은 것이고, 올바른 도리인 '의'는 인간의 도리라고 했어요. 맹자는 이를 버리고 행하지 않는 자포자기의 사람들을 보며 슬퍼했지요. 하지만 오늘날의 자포자기는 절망에 빠져 자신을 스스로 포기하고 돌아보지 않은 채 될 대로 되라는 식의 행동을 의미하는 말로 사용된답니다.

한자가 다른 포기와 포기

자포자기는 '포기(暴棄)'와 같은 말이에요. 그 뜻은 '절망에 빠져 자신을 스스로 포기하고 돌아보지 아니함'이지요. 그런데 뜻풀이를 잘 보세요. 뜻풀이 중간에 '포기'라는 말이 또 있지요? 뜻풀이에서의 '포기'는 하려던 일을 도중에 그만두어 버리거나 자기의 권리나 자격, 물건 등을 내던져 버릴 때 쓰는 '포기(拋棄)'라는 낱말이에요. 이렇게 의미는 다르지만 형태나 표기가 같은 말을 가리켜 '동형어'라고 해요.

자포자기하지 않은 헬렌 켈러

미국 앨라배마주에서 태어난 헬렌 켈러는 태어난 지 19개월이 되었을 때 심한 병에 걸려 목숨을 잃을 뻔했다가 간신히 살아났어요. 하지만 후유증으로 청각과 시각을 잃게 되었지요. 자포자기하는 심정으로 모든 것을 포기하려던 순간 헬렌 켈러는 앤 설리번 선생님을 만나게 돼요. 설리번 선생님의 도움으로 헬렌 켈러는 모든 감각을 총 동원해 배움을 이어 나가고 명문 대학을 졸업하게 되지요.

▶ 헬렌 켈러

고사성어 더하기

➕ **자가당착(自家撞着)**
같은 사람의 말이나 행동이 앞뒤가 서로 맞지 아니하고 모순됨.

52 전전긍긍

'전전'은 겁을 먹고 벌벌 떠는 모양, '긍긍'은 조심해 몸을 움츠리는 모습을 뜻해요.
어떤 위기감에 몹시 두려워서 벌벌 떠는 심정을 나타내는 경우에 쓰여요.

[카톡 대화]

- 영희야, 나 어쩌지? ㅠㅠ
- 또 무슨 일이야?
- 기영이랑 문구점에 지우개 사러 갔다가 볼펜 떨어뜨려서 부서졌어. 대충 모양 만들어 놓고 그냥 옴. ㅠㅠ
- 말 안 하고 그냥 왔다고?
- 응. 나 어떡해. 너무 두렵고 무서워.
- 전전긍긍하지 말고 가서 말하자.
- 어떻게 말해.
- 후회하고 반성하고 있다고 사실대로 말하면 용서해 주실 거야.
- 같이 가 줄 수 있어?
- 당장 가자!

[장면]

애앵애앵~ ○○문구점

경찰차다! 어떻게 해? 나 잡으러 왔나 봐!

어휴, 구급차야.

후다닥

같은 한자 성어
= 전긍(戰兢)

戰	戰	兢	兢
싸움 전	싸움 전	떨릴 긍	떨릴 긍

법도를 무시한 군주에게 바치는 시

《시경》〈소아〉 편 '소민'이라는 시에 나오는 말이에요. 서주 말엽에 군주의 측근에 있던 신하가 법도를 무시한 정치를 펼치자 그것을 한탄하며 지은 시지요.

맨손으로 호랑이를 잡을 수 없고 걸어서는 황허를 건널 수 없네
사람들이 그 한 가지는 알고 있으나 다른 건 아무것도 모르고 있네
생각하면 언제나 벌벌 떨면서 깊고 깊은 못가에 임하는 심정 마치 살얼음 위를 걷는 듯하네

왜 두려우면 벌벌 떠는 걸까?

어떤 일에 두렵고 무서움을 느끼면 온몸이 덜덜 떨리기도 하고, 이가 딱딱 부딪히기도 하고, 피부가 오그라들면서 몸의 털이 꼿꼿하게 서기도 해요. 우리 몸은 두렵거나 무서움을 느끼면 자율 신경계를 자극해 심장 박동이 빨라지게 되고, 그러면 피부 혈관이 수축하여 핏기가 가시고, 땀샘이 자극되어 식은땀이 나며, 근육이 수축되어 온몸의 털이 곤두서게 돼요. 즉 우리 몸은 추위를 느끼게 되는 것이지요. 체온이 떨어졌다고 느낀 우리 몸은 근육을 움직여 열을 발생시켜 체온을 올리려고 해요. 이 때문에 몸과 이가 떨리는 거랍니다.

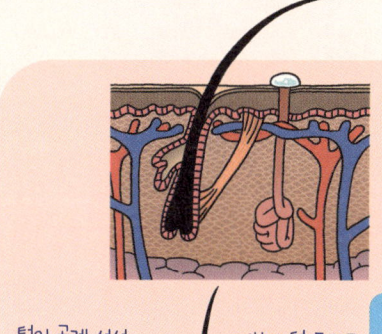

털이 곧게 서서 그 주위로 열을 잡아 둠

피부가 털 주위로 솟아올라 소름(닭살)이 돋음

추위나 공포를 감지하고 자율 신경계 자극

털뿌리에 붙어 있는 근육인 입모근 수축

무섭고 두려운 마음을 담은 한자 성어

- **경궁지조(驚弓之鳥)** : 한 번 혼이 난 일로 늘 의심과 두려운 마음을 품는 것을 이르는 말이에요.
- **경황망조(驚惶罔措)** : 놀라고 당황하여 어찌할 바를 모른다는 말이지요.
- **긍긍업업(兢兢業業)** : 항상 조심하거나 삼감을 이르러요.

고사성어 더하기

➕ **경전하사(鯨戰蝦死)**
'고래 싸움에 새우 등 터진다'는 뜻으로, 강한 자끼리 서로 싸우는 통에 아무 상관도 없는 약한 자가 해를 입음을 비유적으로 이르는 말.

53 적반하장

'도둑이 도리어 몽둥이를 든다'는 뜻으로, 잘못한 사람이 아무 잘못도 없는 사람을 나무라는 경우를 빗대어 표현한 말이에요.

비슷한 한자 성어

- **객반위주(客反爲主)**: 손님이 도리어 주인 노릇을 한다는 뜻으로, 부차적인 것을 주된 것보다 오히려 더 중요하게 여김을 이르는 말.
  客 손 객   反 돌이킬 반   爲 할 위   主 임금 주

- **주객전도(主客顚倒)**: 주인과 손님의 위치가 서로 뒤바뀐다는 뜻으로, 사물의 경중·선후·완급 등이 서로 뒤바뀜을 이르는 말.
  主 임금 주   客 손 객   顚 엎드러질 전   倒 넘어질 도

賊	反	荷	杖
도둑 적	돌이킬 반	멜 하	몽둥이 장

▲ 홍만종의 《순오지》

잘못한 사람이 오히려 성을 내다니!

조선 인조 때의 학자인 홍만종은 《순오지》에서 적반하장에 대해서 이렇게 풀이하고 있어요.

적반하장은 도리를 어긴 사람이 오히려 스스로 성내면서 업신여기는 것을 비유한 말이다.

적반하장은 잘못한 사람이 미안해하기는커녕 오히려 성을 내면서 잘한 사람을 나무라는 어이없는 경우에 기가 차다는 뜻으로 쓰는 말이에요.

조선의 3대 도둑

조선 후기 실학자인 성호 이익은 저서 《성호사설》에서 홍길동, 임꺽정, 장길산을 조선의 3대 도둑으로 꼽았어요.

- **홍길동** : 조선 연산군 때 서울, 경기 등지에서 활약하던 의적이에요. 지배층의 부조리함에 맞서 전국 곳곳에서 일어난 농민 무장대를 이끌고 양반 지주의 집이나 관청을 습격했어요.

- **임꺽정** : 조선 명종 때의 의적이에요. 백정 출신으로, 일부 백성을 모아 황해도와 경기도 일대에서 탐관오리를 죽이고 그 재물을 빼앗아 빈민에게 나누어 주는 일을 했어요.

- **장길산** : 조선 숙종 때 황해도 구월산을 중심으로 활동한 의적이에요. 광대 출신으로 서얼, 승려 등과 함께 어지러워진 나라를 구하고 새로운 사회를 도모하려고 했어요.

적반하장의 뜻을 담은 속담

적반하장과 같은 뜻을 가진 우리나라 속담으로 '도둑이 매를 든다'가 있어요. 또 적반하장과 비슷한 뜻을 가진 속담으로는 자기가 잘못을 저지른 쪽인데 오히려 남에게 성냄을 비꼬는 '방귀 뀐 놈이 성낸다'와 자기 결함은 생각지 않고 애꿎은 사람이나 조건만 탓하는 경우를 비유적으로 이르는 '소경 개천 나무란다', 제가 잘못하여 놓고 도리어 남만 그르다고 한다는 '문비를 거꾸로 붙이고 환쟁이만 나무란다' 등이 있어요.

고사성어 더하기

➕ **거일반삼(擧一反三)**
'하나를 알려 주면 셋을 안다'는 뜻으로, 매우 영리하거나 지혜가 있음을 이르는 말.

➕ **반객위주(反客爲主)**
'손님이 도리어 주인 노릇을 한다'는 뜻으로, 수동적인 상황에서 틈을 노려 주도권을 빼앗음을 이르는 말.

54 조삼모사

'아침에는 세 개, 저녁에는 네 개'라는 뜻으로, 당장 눈앞에 보이는 차이만 알고 그 결과가 같음을 모르는 것을 비유하는 말이에요. 간사한 꾀로 남을 속여 희롱함을 의미하는 고사성어랍니다.

카톡 대화:
- 앗싸, 고사성어 숙제 줄었다.
- 얼마나?
- 원래는 일주일에 20개씩 써야 하는데, 이제 하루에 4개씩만 쓰면 된대.
- 어휴, 그건 조삼모사잖아.
- 아, 그런가?
- 하루에 4개씩×5일=20개잖아.
- 우이씨, 진짜네.
- 어차피 같은 것도 모르고 좋아하다니. -_-

말풍선:
- 그럼 아침에 4개.
- 저녁에 3개 어때?
- 바보들!

우꺄꺄♪ 우꺄꺄♪

같은 한자 성어
= 조삼(朝三)

朝	三	暮	四
아침 조	석 삼	저물 모	넉 사

아침에 네 개, 저녁에 세 개 어때?

《열자》〈황제〉편에 나오는 말이에요. 중국 송나라에 저공이라는 사람이 원숭이를 키우고 있었어요. 저공의 집에 먹을 것이 떨어져 원숭이의 먹이를 줄여야 할 형편이 되자, 저공은 원숭이에게 먹이를 아침에 세 개를 주고 저녁에 네 개를 주겠다고 말했어요. 그러자 원숭이들이 화를 냈어요. 저공이 다시 아침에 네 개를 주고 저녁에 세 개를 주겠다고 하니, 원숭이들이 모두 기뻐했다고 해요.

'조삼모사'에 대한 다른 관점

경제학적인 측면에서 보면 원숭이는 현명한 선택을 했다고 볼 수 있어요. 만약 아침에 4개를 받았지만 저녁에 3개를 못 받게 된다면 반대의 경우와 비교했을 때 생길 수 있는 손해가 적어질 거예요. 또 아침에 받은 4개 중 3개를 먹고 한 개를 다른 동물에게 빌려준다고 가정하면 저녁에 이자까지 얹은 먹이를 먹을 수 있게 되겠지요. 따라서 먼저 많이 받는 쪽이 훨씬 더 안전하면서도 이익이 될 수 있다는 말이에요.

원숭이의 생활

원숭이는 200종이 넘는 종류가 있어요. 대부분의 원숭이는 더운 지역의 숲에 살아요. 잡식성으로 나무열매, 나무껍질, 곤충 등 여러 가지를 먹지요. 하지만 땅에 살면서 무리를 지어 먹이를 찾아다니는 개코원숭이, 추운 지역에 사는 일본원숭이도 있어요.

▶ 일본 나가노현 지고쿠다니 야생 원숭이 공원에서 온천 중인 일본원숭이들

숫자가 들어간 한자 성어

- **구사일생(九死一生)** : '아홉 번 죽을 뻔하다 한 번 살아난다'는 뜻으로, 죽을 고비를 여러 차례 넘기고 겨우 살아남을 이르는 말이에요.
- **백년지계(百年之計)** : 먼 앞날까지 미리 내다보고 세우는 계획이에요.
- **십시일반(十匙一飯)** : '밥 열 술이 한 그릇이 된다'는 뜻으로, 여러 사람이 조금씩 힘을 합하면 한 사람을 돕기 쉬움을 이르는 말이지요.
- **칠전팔기(七顚八起)** : '일곱 번 넘어지고 여덟 번 일어난다'는 뜻으로, 여러 번 실패해도 굴하지 않고 노력함을 이르는 말이랍니다.

고사성어 더하기

➕ **조조모모(朝朝暮暮)**
'매일 아침과 매일 저녁'이라는 뜻으로, 아침저녁으로 언제나 변함이 없음을 이르는 말.

55 죽마고우

'어릴 때 대나무로 만든 말을 타며 함께 놀던 옛 친구'라는 뜻으로, 어릴 때부터 같이 놀며 자란 친한 친구를 이르는 말이에요.

[카톡 대화]
- 윤호랑 시온이 싸워서 부모님까지 학교에 왔대.
- 헉! 어떻게 싸웠기에.
- 교실에서 치고받고 난리도 아니었나 봐.
- 걔네 죽마고우인데 어쩌다가.
- 지우개 따먹기 하다.
- 쯧쯧. 나한테 왔으면 싸울 일도 없었을 텐데.
- 왜?
- EP대회 우승자로서 공정한 심판을!
- EP대회는 뭐냐?
- 지우개(Eraser) 따먹기(Pick) 대회.

(영희)

[만화]
- 쟤네 죽마고우 맞아?
- 죽마원수 같은데?
- 내 목마가 더 세!!
- 무슨 소리? 내 목마가 더 세거든!!
- 투닥 투닥

같은 한자 성어
- 죽마교우(竹馬交友)
- 죽마구우(竹馬舊友)
- 죽마지우(竹馬之友)

竹 馬 故 友
대나무 죽 | 말 마 | 옛 고 | 벗 우

죽마에 탄 채 서로 밀치고 넘어뜨리는 게임인 '에카세르'를 하는 모습 ▶

죽마를 타고 함께 놀던 친구

《진서》〈은호전〉에 나오는 이야기예요. 진나라의 장군인 환온과 은호는 학식과 도량이 넓은 인재였어요. 하지만 두 사람은 정치에서 대립 관계에 놓여 있어서 사이가 좋지 않았지요. 어느 날, 은호가 전쟁에 나가 패하고 돌아오자 환온은 그것을 구실로 삼아 은호의 죄를 담은 상소를 올렸고, 은호는 변방으로 귀양을 가게 되었어요. 환온은 사람들에게 "나는 은호와 함께 죽마를 타고 놀던 친구였는데, 내가 죽마를 버리면 은호가 언제나 그것을 주워서 탔다. 그러니 내 밑에서 머리를 숙여야 하는 것이 당연하다."라고 말했지요. 결국 은호는 유배지에서 생애를 마쳤다고 해요.

이랴, 이랴! 죽마 놀이

대나무로 만든 말을 타고 노는 '죽마 놀이'는 원시 시대부터 행해지던 놀이예요. 우리나라를 비롯해 중국과 일본, 그리고 세계 여러 나라에서 볼 수 있지요. '대말 타기'라고도 하고, 대로 만든 발이라는 뜻으로 '죽족'이라고도 해요. 처음에는 긴 대나무를 두 다리 사이에 끼우고 달리는 형태였는데, 점점 대나무로 만든 긴 다리 위에 올라서서 걸어 다니는 놀이로 발전했어요. 죽마에서 떨어지지 않고 오래 버티는 사람으로 승부를 다투거나 목표 지점까지 죽마를 타고 빨리 갔다 오기를 겨루었지요. 또 여러 사람이 할 경우 뒤로 가기, 껑충껑충 뛰기, 밀쳐서 넘어뜨리기 등을 겨루기도 했어요.

우리나라의 죽마 놀이

고구려의 무덤인 팔청리 고분, 수산리 고분의 벽화에 고분의 주인 앞에서 높은 나무다리를 타고 재주를 보여 주는 모습이 그려져 있어요. 또《삼국유사》에 '대말 타고 잎 피리 불며 놀던 아이가 그만 하루아침에 어여쁜 두 눈 잃을 줄이야.'라고 하며 죽마 놀이를 하던 내용이 기록되어 있지요. 죽마 놀이는 우리나라 전국에서 행해지던 놀이로, 남자아이들에게 있어서는 놀이의 의미뿐만 아니라 몸의 균형 감각을 기르고 체력을 단련하는 것으로도 중요한 역할을 했답니다.

▲ 죽마

고사성어 더하기

➕ **세한삼우**(歲寒三友)
'추운 겨울철의 세 벗'이라는 뜻으로, 추위에 잘 견디는 소나무·대나무·매화나무를 통틀어 이르는 말. 흔히 한 폭의 그림에 그려서 '송죽매'라고 함.

56 지피지기

'적을 알고 나를 알아야 한다'는 뜻으로, 적의 사정과 나의 사정을 자세히 안다는 말이에요.

같은 한자 성어
- 지적지아(知敵知我)

知	彼	知	己
알 지	저 피	알 지	몸 기

적군과 아군의 약점과 강점을 잘 알아야 해!

《손자병법》〈모공〉 편에 나오는 이야기예요.

적과 아군의 실정을 잘 비교 검토한 후 승산이 있을 때 싸운다면 백 번을 싸워도 결코 위태롭지 아니한다. 적의 실정을 모른 채 아군의 전력만 알고 싸운다면 승패의 확률은 반반이다. 적의 실정은 물론 아군의 전력까지 모르고 싸운다면 싸울 때마다 반드시 패한다.

즉 아군의 피해가 없이 승리하기 위해서는 적군과 아군의 약점과 강점을 잘 파악한 다음에 전투에 임해야 한다는 말이지요.

지피지기를 위한 구체적인 방법은?

중국 오나라의 전략가인 손무가 지은 《손자병법》은 전쟁에서 이기기 위한 전술과 전쟁의 법칙을 자세히 담고 있어요. 이 책에서 지피지기를 위한 방법으로 첩자(간첩)를 이용해야 한다고 했지요. 첩자는 한 국가나 단체의 비밀이나 상황을 몰래 알아내어 제공하는 사람을 말해요. 전쟁에서 적에 대한 정보는 필수겠지요. 따라서 그 정보를 입수하기 위해서는 첩자의 활용이 중요하고 우선되어야 한다는 거랍니다.

백 번 이긴다!

'지피지기'는 '지피지기백전불태(知彼知己百戰不殆)'에서 나온 말로, 흔히 '지피지기백전백승(知彼知己百戰百勝)'이나 '지피지기백전불패(知彼知己百戰不敗)'로도 쓰여요. 상대를 알고 나를 알면 백 번 싸워도 전혀 위태롭지 않고, 백 번 다 승리하며, 한 번도 패하지 않는다는 뜻이지요.

고사성어 더하기

➕ **극기복례(克己復禮)**
자기의 욕심을 누르고 예의범절을 따름.

많은 곳에서 사용되는 지피지기

운동선수: 상대편의 전술과 약점, 나의 장점과 약점을 파악하면 승리하는 데 도움이 되어요.

학생: 각 과목에 맞는 공부 방법을 알고, 나의 공부 스타일을 파악하면 효율적인 학습을 할 수 있어요.

환자: 병의 원인과 치료 방법, 나의 현재 상태를 파악하면 병을 이겨 낼 수 있어요.

기업: 소비자의 관심 분야와 소비 형태, 시장을 분석해서 물건을 만들면 판매하는 데 도움이 돼요.

57 천고마비

'하늘이 높고 말이 살찐다'는 뜻으로, 하늘이 맑아 높푸르게 보이고 온갖 곡식이 익는 가을철을 이르는 말이에요.

적이 쳐들어왔는데 밥이 넘어가?

푸히잉~♪

애들이 자꾸 나보고 돼지라고 놀려.

음…… 아직 돼지까진 아닌 것 같은데.

그렇지?

내 생각엔 말이야.

네 생각엔 뭐?

지금이 천고마비의 계절이니, 살찐 말 정도?

뭐라고?!

농담이야. 큭큭.

ㅋㅋ

같은 한자 성어
= 추고마비(秋高馬肥)

天	高	馬	肥
하늘 천	높을 고	말 마	살찔 비

▶ 중추절 월병
▲ 추석 송편
▶ 추수감사절 파이

변방으로 간 친구에게 보낸 시

당나라 초기의 시인 두심언이 지은 시에 나오는 말이에요. 해마다 가을철이면 중국 북방에서 유목 생활을 하던 흉노족이 양식을 마련하기 위해 변방의 농경 지대를 약탈해 갔어요. 두심언은 흉노족을 막기 위해 변방으로 가 있는 친구 소미도에게 한편의 시를 지어 보냈지요.

　구름은 깨끗한데 요사스러운 별이 떨어지고
　가을 하늘이 높으니 변방의 말이 살찌는구나
　말 안장에 의지하여 영웅의 칼을 움직이고
　붓을 휘둘러 승전보를 날려 보낸다

이 시에 나온 '추고새마비(秋高塞馬肥)'에서 '천고마비'가 유래되었답니다.

먹을 것이 풍족해지는 가을

가을은 수확의 계절이에요. 알알이 익은 곡식과 과일을 거두어 먹을 것이 풍부해지지요. 우리나라는 음력 팔월 보름날에 추석을 지내요. 햅쌀로 송편을 빚고, 햇과일과 햇곡식으로 음식을 장만하여 차례를 지내며 농사를 잘 짓게 해 준 하늘에 감사하고 다음 해의 풍년을 기원하는 것이지요. 이와 같은 의미로 중국에서는 중추절을, 미국과 캐나다에서는 추수감사절을 보낸답니다.

가을 하늘은 왜 더 파랗고 높게 보일까?

다른 계절보다 가을 하늘이 더 푸르게 보이는 이유는 빛의 산란 때문이에요. 태양에서 나오는 빛이 대기를 통과하면 공기 중의 산소, 질소, 먼지 등과 같이 작은 입자들과 부딪칠 때 빛이 사방으로 퍼져요. 건조해지는 가을에는 대기 중에 수증기가 상대적으로 적어지기 때문에 파장이 짧은 파란빛이 더 잘 산란되어 파랗게 보이지요. 또한 우리나라는 가을에 이동성 고기압의 영향을 받아 하강 기류의 영향으로 공기 중의 먼지를 분산시키게 돼요. 그 결과 지상에서 바라보았을 때 높은 고도에서 일어나는 산란까지 잘 보여 하늘이 높게 보이는 거랍니다.

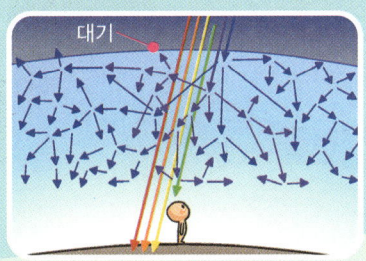

▲ 태양 빛이 지구의 대기에 부딪쳐 파장이 짧은 파랑이 많이 퍼져 평소 낮 하늘은 파랗게 보임

▲ 건조해지는 가을에는 대기 중 수증기가 적어져 푸른빛이 더 많이 산란됨

58 천재일우

'천 년 동안 단 한 번 만난다'는 뜻으로, 평생을 두고 한 번 있을 듯 말 듯한 좀처럼 만나기 어려운 좋은 기회를 이르는 말이에요.

영희

- 고사성어 대회에 나가자.
- 나 고사성어 잘 모르는데.
- 이건 천재일우의 기회라고!
- 왜?
- 고사성어 대회 1, 2, 3등은 중국 여행 무료로 보내 준대.
- 그래도 자신 없어.
- 《국어 천재가 된 철수와 영희의 고사성어 배틀》로 공부하면 돼.
- 재미있게 익힌다는 그 책! 그럼 수불석권해 볼까?
- 나도 독서삼도할 거야!

우리 공부 많이 못 했는데 어쩌냐?

걱정 마.

대회가 중요한 게 아니란다, 철수야. 대회 게스트가 BTT라고! 이건 하늘이 주신 기회야!

같은 한자 성어
- 천세일시(千歲一時)
- 천재일시(千載一時)

千	載	一	遇
일천 천	실을 재	한 일	만날 우

훌륭한 임금과 뛰어난 신하의 만남

《문선》에 나오는 이야기예요. 원굉은 《삼국지》에 실린 건국 공신 중 스무 명을 골라 그들의 일대기를 찬양하는 〈삼국명신서찬〉을 썼는데, 그중 다음과 같은 구절이 있어요.

만 년에 한 번 기회가 온다는 것은 이 세상의 공통된 원칙이며, 천 년에 한 번 만나게 된다는 것은 어진 사람과 지혜로운 사람이 용케 만나는 것이다.

이처럼 훌륭한 임금과 뛰어난 신하의 만남이 결코 쉬운 것이 아님을 비유하며 '천재일우'라고 했어요.

천재일우의 확률

1년은 365일이고 천 년은 365000일이니까, 천 년 동안 단 한 번 만날 확률은 1/365000이에요. 1/365000을 소수로 나타내면 약 0.00000274이고, 이건 거의 0이므로 천재일우의 확률은 0이 되는 셈이지요.

기회와 관련 있는 한자 성어

- **계란유골(鷄卵有骨)** : '달걀에도 뼈가 있다'는 뜻으로, 운수가 나쁜 사람은 모처럼 좋은 기회를 만나도 역시 일이 잘 안 됨을 이르는 말이에요.
- **득의지추(得意之秋)** : 일이 뜻대로 이루어질 좋은 기회를 뜻해요.
- **호시탐탐(虎視眈眈)** : '범이 눈을 부릅뜨고 먹이를 노려본다'는 뜻으로, 남의 것을 빼앗기 위하여 형세를 살피며 가만히 기회를 엿보거나 그런 모양을 이르는 말이지요.

고사성어 더하기

➕ **천려일실(千慮一失)**
'천 번 생각에 한 번 실수'라는 뜻으로, 슬기로운 사람이라도 여러 가지 생각 가운데에는 잘못되는 것이 있을 수 있음을 이르는 말.

➕ **거재두량(車載斗量)**
'수레에 싣고 말로 된다'는 뜻으로, 물건이나 인재 따위가 많아서 그다지 귀하지 않음을 이르는 말.

천 년에 한 번 나타나는 전설 속의 새, 흰 까마귀

우리나라 속담 '까마귀 겉 검다고 속조차 검은 줄 아느냐'에서 보듯 까마귀의 몸은 검은색이에요. 그런데 몸이 하얀 깃털로 덮인 흰 까마귀가 있어요. 전설 속 흰 까마귀는 천 년에 한 번 세상에 나타나는데, 우리나라와 중국에서는 천 년에 한 번 나타날까 말까 한 흰 까마귀를 '천 년의 길조'로 여기며 흰 까마귀가 나타나면 복되고 좋은 일이 생긴다고 믿었어요.

59 철면피

'쇠로 만든 낯가죽'이라는 뜻으로, 염치가 없고 뻔뻔스러운 사람을 낮잡아 이르는 말이에요.

비슷한 한자 성어

- **면장우피(面張牛皮)**: '얼굴에 쇠가죽을 발랐다'는 뜻으로, 몹시 뻔뻔스러움을 비유적으로 이르는 말.
  面 낯 면 張 베풀 장 牛 소 우 皮 가죽 피

- **후안무치(厚顔無恥)**: '얼굴이 두껍고 부끄러움이 없다'는 뜻으로, 뻔뻔스러워 부끄러움이 없음을 뜻함.
  厚 두터울 후 顔 낯 안 無 없을 무 恥 부끄러울 치

鐵	面	皮
쇠 철	낯 면	가죽 피

▶ 강철로 만든 샌프란시스코의 골든 게이트 브리지

▲ 브라질 광산에서 나오는 주요 철광석인 적철광

무쇠 갑옷 같은 얼굴

《북몽쇄언》에 나오는 이야기예요. 학문을 닦아 진사 시험에 합격한 왕광원은 출세하기 위해서 권력자들을 찾아다니며 인사했어요. 그들에게 잘 보이기 위해 수단과 방법을 가리지 않았고, 갖은 아첨을 떨었지요. 하지만 문 앞에서 쫓겨나고 매를 맞는 일이 허다했어요. 그러나 광원은 그만두지 않았어요. 그래서 당시 사람들은 그를 두고 "광원의 얼굴 가죽은 열 장을 겹친 무쇠 갑옷과 같다."라고 말하였답니다.

강직한 철의 얼굴

철면피는 부정적인 의미로 쓰이지만, '철면(鐵面)'은 긍정적인 의미로 쓰여요. 송나라의 조선의라는 사람이 숭안현의 지사가 되었는데, 법률을 아주 엄격하게 지켜 이를 본 사람들이 그를 '조철면'이라고 불렀어요. 또 송나라의 조변이라는 사람이 관리들의 불법 행위를 적발하는 검찰관이 되었는데, 사사로운 정에 휘둘리지 않고 잘못을 저지른 사람이면 무조건 잡아냈기 때문에 그를 '철면어사(鐵面御史)'라고 했어요. 권세를 두려워하지 않고 정에 좌우되지 않는 강직한 사람을 두고 '철면'이라고 했답니다.

철이 궁금해!

철은 은백색의 광택이 나는 금속이에요. 지구상에서 탄소, 규소, 알루미늄 다음으로 많고, 적철광, 자철석, 황철광 등의 철광석에서 철을 분리해서 얻어요. 철은 강한 자성을 가지고 있으나 습기가 있는 곳에서는 부식이 되어 녹이 스는데 이 때문에 자성을 잃어요. 철의 부식을 방지하려면 물과 산소를 차단해야 해요. 철 표면에 기름칠이나 페인트칠을 하거나 아연이나 주석을 도금하면 되지요.

철, 어디에 있니?

▶ 전자 현미경으로 본 붉은 적혈구

철은 쉽게 구할 수 있고, 값이 비교적 저렴하기 때문에 농기구, 가전제품, 자동차, 선박, 건물, 다리 등 우리 생활에서 많이 쓰이는 도구를 만드는 데 널리 써요. 또 사람의 핏속에 있는 헤모글로빈에도 철이 들어 있지요. 헤모글로빈은 혈액 내 적혈구 세포에 있는 운반 단백질로 붉은색을 띠어요.

고사성어 더하기

➕ **동두철액(銅頭鐵額)**
성질이 모질고 완강하여 거만한 사람을 비유적으로 이르는 말.

➕ **반면지식(半面之識)**
얼굴만 약간 알 정도의, 친분이 두텁지 못한 사이.

➕ **양질호피(羊質虎皮)**
본바탕은 아름답지 아니하면서 겉모양만 꾸밈을 비유적으로 이르는 말.

청천벽력

'맑게 갠 하늘에서 내리치는 날벼락'이라는 뜻으로, 뜻밖에 일어난 큰 재앙이나 사건, 사고를 비유적으로 이르는 말이에요.

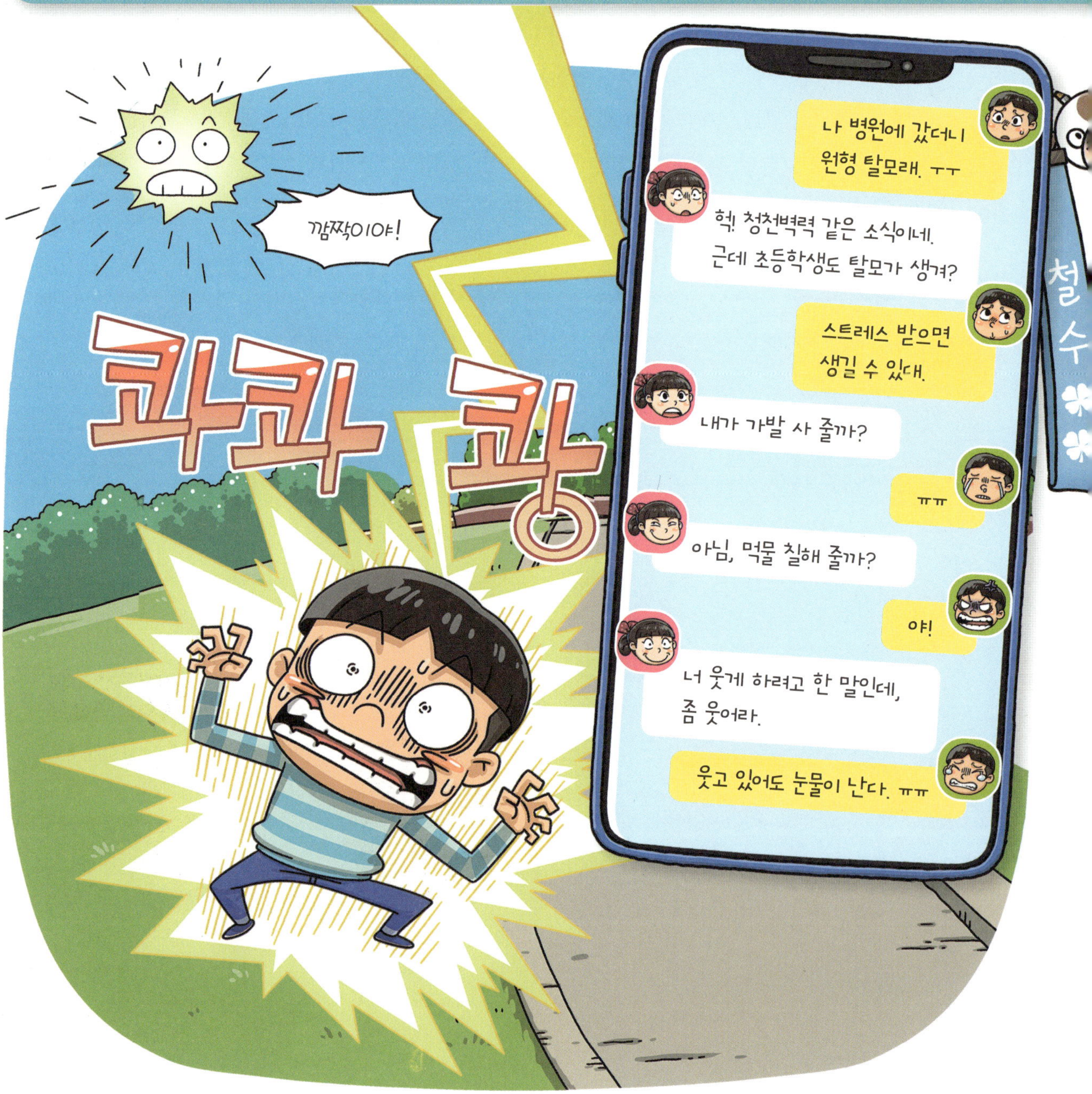

靑	天	霹	靂
푸를 청	하늘 천	벼락 벽	벼락 력(역)

▲ 푸젠성에 있는 육유 상

번쩍번쩍 번개와 같은 붓놀림

남송의 시인 육유가 지은 시 〈9월 4일 계미명기작〉에 나오는 말이에요.

　방옹이 병으로 가을을 지내고 홀연히 일어나 술 취한 먹으로 글을 쓰니
　정히 오래 움츠렸던 용과 같이 푸른 하늘에 벼락을 치네

방옹은 육유의 호예요. 오랜 병마에 시달리던 육유는 어느 날 닭보다 일찍 눈을 떠 술에 취한 듯 붓을 들었어요. 비록 병으로 부들부들 떨리는 몸은 말을 듣지 않지만 자신의 기세는 용과 같고, 붓놀림은 번쩍번쩍 빛나는 번개와 같다고 말하고 있지요.

맑게 갠 하늘에 벼락이 칠 수 있다고?

비나 눈이 오지 않는 맑게 갠 하늘에도 충분히 벼락이 칠 가능성이 있어요. 과학적으로 가능한 일이지요. 흔하지는 않지만 맑은 날이라도 구름이 많고 습도가 높으면 전기의 이동이 많아 벼락이 칠 수 있거든요. 또 맑은 하늘 위로 커다란 적란운(쌘비구름)이 지나가면서 번개가 칠 수도 있지요. 그리고 관측자가 있는 곳은 맑은 날씨라도 저 멀리 떨어진 하늘에서 천둥과 벼락이 치는 것을 볼 수도 있어요.

▲ 공중의 전기와 땅의 물체 사이에 흐르는 전기가 빛을 내며 땅의 뾰족한 물체에 내리꽂히는 자연 현상인 벼락

의미가 변한 청천벽력

용이 하늘로 올라갈 때는 하늘이 진동하는 격렬한 천둥과 번개를 동반한다는 이야기가 전해져요. 육유는 그 모습을 시로 표현했는데, 용으로 시를 쓰는 자신의 모습을 번개에 대입해 묘사했지요. 여기서 '청천벽력'은 병든 사람의 갑작스러운 행동 또는 기세 넘치는 자신의 붓놀림을 표현한 말이에요. 하지만 오늘날에는 뜻이 변하여 전혀 예상조차 하지 못한 재난이나 재앙 또는 괴이한 일이 일어났을 때에 쓰인답니다.

고사성어 더하기

➕ **청운지지(靑雲之志)**
높은 지위에 오르고자 하는 욕망을 이르는 말.

➕ **천의무봉(天衣無縫)**
일부러 꾸민 데 없이 자연스럽고 아름다우면서 완전함을 이르는 말.

61 청출어람

'쪽에서 뽑아낸 푸른 물감이 쪽보다 더 푸르다'는 뜻으로, 제자나 후배가 스승이나 선배보다 나음을 비유적으로 이르는 말이랍니다.

아싸, 나 선생님한테 칭찬 받았다.

웬일이야.

기행문 쓰기 숙제가 있었는데, 엄청 잘 썼대.

풉! 개발새발인 네 글씨를 알아보셨다고?

이번엔 글씨도, 내용도 모두 훌륭하다고 하셨어.

도저히 안 믿기는걸.

"철수가 쓴 기행문은 청출어람이구나." 하셨다고!

정말?

에헴!

이게 종이로 만든 비행기라고? 우아!

형도 엄마한테 보여 줄 거 있대?

없어!

진정한 청출어람이군. 우씨!

같은 한자 성어
- 출람(出藍)

青出於藍

青	出	於	藍
푸를 청	날 출	어조사 어	쪽 람(남)

쪽에서 나왔지만 쪽빛보다 더 푸른 푸른색

《순자》〈권학〉 편에 나오는 말이에요.

학문은 잠시도 쉬어서는 안 된다. 푸른색은 쪽에서 나오지만 쪽보다 더 푸르고 얼음은 물이 이루었지만 물보다도 더 차다.

학문에 뜻을 둔 사람은 잠시도 게을리해서는 안 된다는 뜻이에요. 푸른색이 쪽빛보다 푸르듯이, 얼음이 물보다 차듯이 학문에 계속 힘쓰면 스승을 능가하는 제자가 나타날 수 있다는 말이랍니다.

푸른빛의 쪽

중국이 원산지인 쪽은 옛날부터 염료의 자원으로 재배한 풀이에요. 중국뿐만 아니라 우리나라, 이집트, 그리스 등 전 세계에서 재배하고 이용되어 왔지요. 쪽의 잎은 어긋나며 긴 타원 모양 또는 달걀 모양인데, 잎을 찧어 물에 담가 놓으면 푸른 물이 나와요. 이 푸른색이 원래 쪽빛보다 더욱 파래서 남색의 염료로 사용했어요. 또 쪽의 열매와 잎은 해열, 해독의 효능이 있어서 약재로도 이용되었답니다.

▲ 우리나라 전통 천연 염색 방법으로 쪽의 잎을 이용해 푸른색으로 물들여 말리고 있는 천

▲ '남엽'이라고 부르는 쪽의 잎

빛깔 고운 천연 염색

요즘은 물감, 페인트, 잉크 등 인공적인 색을 내는 재료들이 많지만 옛날에는 자연에서 그 재료들을 구해야 했어요. 나무껍질, 식물의 줄기·꽃·잎·열매 등 자연에서 얻은 원료로 한지, 옷감 등에 색을 입혔지요. 예를 들면 쪽에서는 푸른색을, 홍화에서는 붉은색을, 치자에서는 노란색을 뽑아 염색을 했어요. 자연 재료를 이용하는 천연 염색은 빛깔이 곱고 잘 바래지 않아요. 또 화학 약품을 쓰지 않아 환경을 오염시키지 않으며 피부 자극이 적다는 장점이 있답니다.

고사성어 더하기

➕ **청운지사(靑雲之士)**
1. 학문과 덕행을 함께 갖춘 고결한 사람.
2. 높은 지위나 벼슬에 오른 사람을 이르는 말.

➕ **유어출청(遊魚出聽)**
'거문고 소리가 빼어나 물고기가 떠올라 들을 정도'라는 뜻으로, 재주가 뛰어남을 칭찬하여 이르는 말.

62 촌철살인

'한 치의 쇠붙이로도 사람을 죽일 수 있다'는 뜻으로, 간단한 말로도 남을 감동하게 하거나 남의 약점을 찌를 수 있음을 이르는 말이에요.

철수 방귀 똥방귀!
공부는 꼴등!
말썽꾸러기!
항복!
퍽 퍽 퍽

[철수]
사설 읽어 오기 숙제하고 있는데 너무 어려워.

[영희] 천천히 잘 읽어 봐.

[철수] 도통 무슨 말인지 모르겠어.

[영희] 우리 아빠가 그러시는데, 사설에는 촌철살인 같은 문장들이 많이 있대.

[철수] 그래서 숙제를 내주신 거구나.

[영희] 작년에 만들어 놓은 사설 모음 파일 있는데 빌려줄까?

[철수] 역시! 영희 최고!

[영희] 별 말씀을!

비슷한 한자 성어

● **정문일침(頂門一鍼)** : '정수리에 침을 놓는다'는 뜻으로, 따끔한 충고나 교훈을 이르는 말.
頂 정수리 정 門 문 문 一 한 일 鍼 바늘 침

寸	鐵	殺	人
마디 촌	쇠 철	죽일 살	사람 인

사람들에게 깨달음을 주는 촌철

《학림옥로》에 나오는 말이에요. 중국 남송 때 한 스님이 참선에 대해 논하며 "보통 사람들은 사람을 죽이려 하면 수레에 병기를 가득 실어 가지고 와서 그것을 꺼내어 휘두르지만 그런 것으로는 사람을 죽이지 못한다. 나는 단지 촌철만으로 사람을 죽일 수가 있다."라고 하였어요.

의미가 변한 촌철살인

어른 손가락 한 마디의 길이를 '촌' 또는 '치'라고 하며, 약 3.03센티미터에 해당해요. '촌철'은 한 치 정도 되는 쇠로 만든 작은 무기를 뜻하지요. '살인'은 무기로 상처를 입혀 사람을 죽인다는 뜻이 아니라 자신의 마음속의 속된 생각을 끊어 버리는 것을 말해요. 따라서 촌철살인은 작은 것에서부터 온 마음을 기울여 다하면 큰 깨달음을 얻게 된다는 뜻이지요. 하지만 오늘날에는 뜻이 바뀌어 아주 짧고 간결한 말로 핵심을 찌르거나 남에게 깊은 감동을 줄 때 쓴답니다.

옛 길이의 단위

- **장(丈)=길** : 한 장은 한 자의 열 배로 약 3미터에 해당해요.
- **척(尺)=자** : 한 척은 한 치의 열 배로 약 30.3센티미터에 해당해요.
- **촌(寸)=치** : 한 촌은 한 자의 10분의 1로 약 3.03센티미터에 해당해요.

 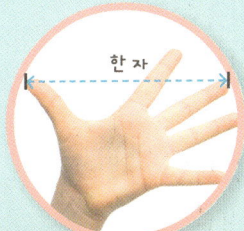

길이가 들어간 우리나라 속담

- **내 코가 석 자** : 내 사정이 급하고 어려워서 남을 돌볼 여유가 없음을 비유적으로 이르는 말이에요.
- **자에도 모자랄 적이 있고 치에도 넉넉할 적이 있다**
  1. 경우에 따라 많아도 모자랄 때가 있고 적어도 남을 때가 있음을 비유적으로 이르는 말이지요.
  2. 일에 따라서 잘난 사람도 못할 수가 있고 못난 사람도 잘할 수가 있음을 비유적으로 이르는 말이랍니다.

고사성어 더하기

➕ **촌전척택(寸田尺宅)**
'한 치의 논밭과 한 자의 집터'라는 뜻으로, 얼마 안 되는 땅을 이르는 말.

➕ **방약무인(傍若無人)**
곁에 사람이 없는 것처럼 아무 거리낌 없이 함부로 말하고 행동하는 태도가 있음.

63 타산지석

'다른 산의 돌'이라는 뜻으로. 다른 산에서 나는 몹쓸 돌이라도 자신의 산의 옥돌을 가는 데에 쓸 수 있다는 말이에요. 다른 사람의 말이나 행동도 자신의 지식과 인격을 수양하는 데에 도움이 될 수 있음을 비유적으로 이르는 말이랍니다.

[채팅]
- 학원 안 오고 뭐 해?
- 놀이터에 꼬마들 구슬치기 하는 거 보고 있어.
- 구슬치기? 꼬마들?
- 어떻게 하는지 보려고.
- 배울 게 있어?
- 꼬마들이 제법 잘해. 타산지석으로 삼으면 도움이 될 것 같아서.
- 그러다 네 이마가 구슬 된다.
- 무슨 말이야?
- 지각하면 선생님한테 딱밤 맞는다고.

[장면]
- 저 형 뭐야?
- 우리가 호랑이 새끼를 키웠어.
- 드디어 내가 이 동네 구슬치기 챔피언이다!!
- 잘났다.

他 山 之 石

| 다를 타 | 뫼 산 | 어조사(갈) 지 | 돌 석 |

▲장자

갈아서 아름다운 보석을 만들 수 있는 옥돌

다른 산의 보잘것없는 돌이 옥을 간다!

《시경》〈소아〉편에 나오는 시의 일부분이에요.

　즐거운 저 동산에는 박달나무 심겨 있고 그 아래 닥나무 자라고 있네
　다른 산의 보잘것없는 돌이라도 옥을 갈 수 있다네

이 시에서 돌은 소인을 말하고, 옥은 군자를 말해요. 군자도 소인에 의해 수양과 학덕을 쌓아 나갈 수 있음을 이르는 말이에요.

아름다운 보석, 옥

우리나라 속담 '옥도 갈아야 빛이 난다'는 아무리 소질이 좋아도 이것을 잘 닦고 기르지 아니하면 훌륭한 것이 되지 못 한다는 말이에요. 이처럼 천연의 옥 원석을 갈아 아름다운 옥을 만들어요. 엷은 녹색이나 회색을 띠며 빛이 고와 동양에서는 고대부터 장식으로 쓰였지요. 또 옛사람들은 옥을 몸에 지니고 다니면 기운을 북돋고 귀신을 물리칠 수 있다고 믿었어요. 옥의 원석을 갈고 다듬어 작고 동그랗게 만든 다음 구멍을 뚫으면 구슬이 돼요. 이것을 꿰어 목걸이나 팔찌 등으로 만들었지요.

▲옥으로 만든 장식품

거울이 되는 본보기, 반면교사

타산지석의 역할을 하는 사람을 가리켜 '반면교사(反面教師)'라고 해요. 사람이나 사물 따위의 부정적인 면에서 얻는 깨달음이나 가르침을 주는 대상을 이르는 말이지요. 언뜻 비슷해 보이지만 둘은 다른 의미로 쓰여요. 타산지석은 작고 보잘것없는 대상이나 나와 관계가 없어 보이는 일이더라도 참고하여 자신의 인격을 수양하는 데 도움을 얻는다는 것이고, 반면교사는 다른 사람의 잘못된 일과 실패를 거울삼아 나의 가르침으로 삼는다는 뜻이랍니다.

고사성어 더하기

- **옥석혼효(玉石混淆)**
'옥과 돌이 한데 섞여 있다'는 뜻으로, 좋은 것과 나쁜 것이 한데 섞여 있음을 이르는 말.

- **철심석장(鐵心石腸)**
'쇠 같은 마음에 돌 같은 창자'라는 뜻으로, 굳센 의지나 지조가 있는 마음.

64 토사구팽

'토끼가 잡히면 토끼를 잡던 사냥개도 필요 없게 되어 주인에게 삶아 먹힌다'는 뜻으로, 필요할 때는 요긴하게 쓰고 필요 없을 때는 야박하게 버리는 경우를 이르는 말이에요.

兎 死 狗 烹

兎	死	狗	烹
토끼 토	죽을 사	개 구	삶을 팽

▲ 여러 종류의 사냥개

토끼를 잡고 나면 다음은 사냥개?

《사기》〈월왕구천세가〉에 나오는 말이에요. 중국 춘추 시대 때 월나라의 왕 구천이 전쟁에서 승리할 수 있도록 도운 범려와 문종은 각각 상장군과 승상으로 임명되었어요. 그러나 범려는 구천을 믿을 수 없는 사람이라 판단하여 제나라로 탈출해 숨어 살았어요. 범려는 문종이 걱정되어 '새 사냥이 끝나면 좋은 활도 어두운 곳에 처박히고, 교활한 토끼를 다 잡고 나면 사냥개를 삶아 먹는다.'라는 내용의 편지를 보내 피신하도록 충고하였지요. 하지만 문종은 월나라를 떠나기를 주저하다가 구천에게 반역의 의심을 받아 자결하고 말았어요.

사냥개

아주 오랜 옛날부터 사람이 산이나 들에서 짐승을 사냥할 때 도와준 개를 사냥개 또는 수렵견, 엽견이라고 해요. 꿩이나 메추라기 등의 조류가 숨어 있는 장소를 찾아내고, 토끼나 너구리·사슴·멧돼지 등의 짐승들을 발견하여 물어 넘어뜨리고, 큰 짐승이 도망가지 못하게 짖으며 주인에게 알리는 일을 하지요.

'사냥개'의 여러 가지 의미

사냥개는 '사냥할 때 부리기 위하여 길들인 개'라는 뜻 말고도 '몰래 남의 사정을 살피고 조사하는 사람인 염탐꾼을 속되게 이르는 말'이기도 해요. 예를 들면 '적국 경찰의 사냥개 노릇을 한 사람'으로 쓸 수 있지요. 또 사냥개와 관련된 재미있는 우리나라 속담으로 '사냥개 언 똥 삼키듯'이 있어요. 음식을 매우 빨리 먹어 버리는 모습을 비유적으로 이르는 말이랍니다.

토사구팽의 반대! 은혜를 잊지 않는 한자 성어

- **결초보은(結草報恩)**: 죽은 뒤에라도 은혜를 잊지 않고 갚는다는 뜻이에요.
- **각골난망(刻骨難忘)**: 남에게 입은 은혜가 뼈에 새길 만큼 커서 잊지 않는다는 뜻이에요.
- **난망지택(難忘之澤)**: 잊을 수 없는 은혜를 말해요.

고사성어 더하기

➕ **구미속초(狗尾續貂)**
1. '담비 꼬리가 모자라 개의 꼬리로 잇는다'는 뜻으로, 벼슬을 함부로 줌을 비유적으로 이르는 말.
2. 훌륭한 것 뒤에 보잘것없는 것이 뒤따름을 비유적으로 이르는 말.

65 파죽지세

'대나무를 쪼개는 기세'라는 뜻으로, 적을 거침없이 물리치고 쳐들어가는 강한 기세나 계속해서 막힘이 없이 밀고 들어가는 모양을 말해요.

비슷한 한자 성어

- **세여파죽(勢如破竹)**: 기세가 매우 대단하여 감히 대항할 만한 적이 없음.
  勢 형세 세 **如** 같을 여 **破** 깨뜨릴 파 **竹** 대나무 죽

- **구천직하(九天直下)**: '하늘에서 땅을 향하여 일직선으로 떨어진다'는 뜻으로, 일사천리의 형세를 이르는 말.
  九 아홉 구 **天** 하늘 천 **直** 곧을 직 **下** 아래 하

- **요원지화(燎原之火)**: '무서운 형세로 타들어 가는 들판의 불'이라는 뜻으로, 세력이 매우 대단하여 막을 수 없음을 비유적으로 이르는 말.
  燎 뜰에 세운 횃불 요 **原** 언덕 원 **之** 갈 지 **火** 불 화

破 竹 之 勢

깨뜨릴 **파** | 대나무 **죽** | 어조사(갈) **지** | 형세 **세**

으라차차, 대나무를 쪼개는 기세

《진서》〈두예전〉에 나오는 말이에요. 중국 진나라의 장군 두예는 오나라를 토벌하기 위해 군사를 이끌고 적진으로 향했어요. 두예는 오나라 장수 오연을 무찌르고 그 기세를 몰아 오나라의 여러 성을 함락시키고 오나라의 도읍만을 남겨 두고 있을 때였어요. 한 장수가 지금은 봄이라 강물이 불어나고 있으니 물러났다가 겨울에 다시 공격하는 게 어떻겠느냐고 했어요. 하지만 두예는 "지금 우리 군은 대나무를 쪼개는 기세요. 이 기세대로라면 불가능이 없소." 라고 하며 곧바로 오나라의 도읍으로 진격하여 단숨에 빼앗았어요. 이에 진나라는 오나라의 항복을 받아 내고 천하를 통일할 수 있었답니다.

대나무의 상징과 의미

대나무의 줄기는 매우 단단해 쪼개기가 쉽지 않지만 한 번 쪼개고 나면 그다음에는 세로 결을 따라 단숨에 쫙 쪼개지지요. 이러한 대나무의 단단함과 곧게 자라는 특징 때문에 예부터 지조, 절개, 정절을 상징했어요. 그래서 군자와 선비, 부인이 지녀야 할 품성을 대나무에 빗대어 표현하였지요. 흔히 '대쪽 같은 ○○'라고 하며 성미나 절개 등이 곧은 것을 비유했답니다.

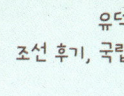

유덕장, 〈묵죽도〉, 조선 후기, 국립 중앙 박물관 ▶

대나무에 관한 퀴즈

1. 대나무도 나이테가 있다

 정답 ✕

대나무는 이름과 달리 나무가 아닌 여러해살이 풀이에요. 그래서 나이테가 없어요.

2. 대나무의 속이 비어 있는 이유는 산소가 통하게 하기 위해서이다

 정답 ✕

대나무는 마디마다 생장점이 있는데, 줄기의 벽 조직은 매우 빠르게 자라지만 속을 이루는 조직은 느리게 자라기 때문에 속이 텅 비게 되는 거예요.

고사성어 더하기

➕ **파기상접**(破器相接)
'깨진 그릇 맞추기'라는 뜻으로, 이미 망그러진 일을 고치고자 쓸데없이 애를 씀을 이르는 말.

➕ **누란지세**(累卵之勢)
'층층이 쌓아 놓은 알의 형세'라는 뜻으로, 몹시 위태로운 형세를 비유적으로 이르는 말.

함흥차사

'함흥에 간 차사'라는 뜻으로, 심부름을 가서 오지 않거나 한 번 간 사람이 소식도 없고 돌아오지 않는 일 또는 일을 보러 갔다가 늦게 온 사람을 이르는 말이에요.

두부 사러 간 녀석이 한 시간이 지나도 안 오네!

아, 이 형 뭐야?

오늘도 이 형님이 다 가져가 주마! 크크크.

- 화장실에 간 애가 왜 이렇게 함흥차사야?
- 소변 보다가 급똥이 마려워서.
- 그래서?
- 다 싸고 이제 곧 나가. ㅋ
- 놀이공원 6시에 폐장한대. 얼른 마지막 거 타러 가자.
- 윽!
- 왜?
- 먼저 가. 또 마려워.
- -_- 똥쟁이 철수!

비슷한 한자 성어

- **일무소식(一無消息)**: 전혀 소식이 없음.
  一 한 일 無 없을 무 消 사라질 소 息 쉴 식

- **종무소식(終無消息)**: 끝내 아무 소식이 없음.
  終 마칠 종 無 없을 무 消 사라질 소 息 쉴 식

咸	興	差	使
다 함	일어날 흥	보낼(다를) 차	사신(하여금) 사

▲ 전주 경기전의 조선 태조 이성계 어진

함흥으로 간 차사들은 왜 돌아오지 못했을까?

조선 태종은 형제들과의 싸움 끝에 왕위에 올랐으나, 아버지인 태조 이성계는 이를 못마땅히 여겨 고향인 함흥으로 가 버렸어요. 태종은 왕위의 정당성을 인정받기 위해 아버지를 도성으로 모시려고 함흥으로 여러 차사(임금이 중요한 임무를 위하여 파견하던 임시 벼슬아치)를 보냈어요. 하지만 이성계가 차사들을 죽이거나 잡아 가두어서 다시 돌아오지 못했지요. 이렇게 함흥으로 간 차사들이 돌아오지 못한 것을 가리켜 '함흥차사'라고 불렀어요.

태조 이성계의 고향 함흥

함경남도 중남부에 있는 함흥은 조선을 세운 태조 이성계가 태어난 곳이에요. 원래 고구려의 옛 땅으로 오랫동안 여진족이 점거했다가 고려 때 되찾아 '함주'라고 하였으며, 조선 시대에 와서 '함흥부'로 승격하였어요.

이성계와 아들들

태조에게는 여덟 명의 아들이 있었어요. 방우, 방과, 방의, 방간, 방원, 방연은 정비인 신의왕후 한씨에게서, 방번과 방석은 계비인 신덕왕후 강씨에게서 난 아들이지요. 장남인 방우가 일찍 세상을 떠나자, 태조는 여덟째 아들 방석을 세자로 책봉했어요. 당시 태조는 대신들의 의견에 따라 11세밖에 안 된 신덕왕후 강씨의 아들인 어린 방석을 세자의 자리에 앉혔고, 이를 반대한 신의왕후 한씨의 아들들이 제1차 왕자의 난을 일으켜 방번과 방석을 죽였어요. 태조는 둘째 아들인 방과에게 왕위를 넘겨주어 조선 제2대 왕인 정종이 돼요. 정종의 아들이 다음 왕위를 잇는 것이 마땅하지만 조선을 개국할 때 큰 공을 세운 방원이 세력을 잡고 정종의 세자로 책봉되어 조선 3대 왕인 태종이 되었답니다.

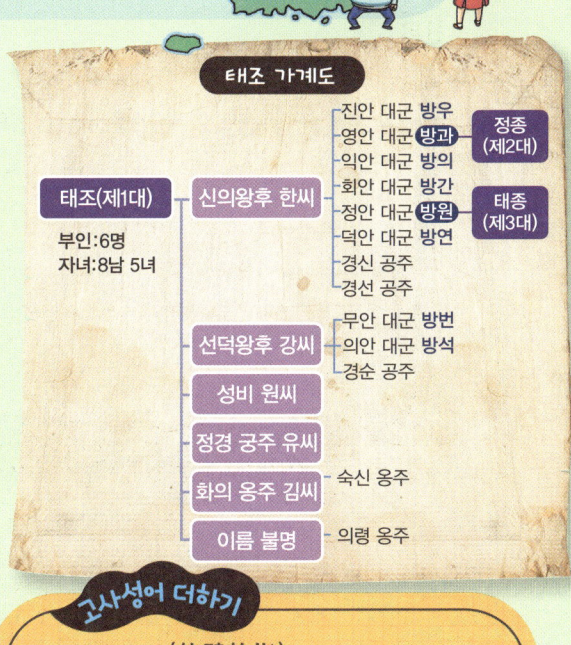

고사성어 더하기

사비사지(使臂使指)

'팔과 손가락을 쓴다'는 뜻으로, 명령과 지시 따위를 뜻대로 할 수 있음을 이르는 말.

67 형설지공

'반딧불과 눈빛으로 이룬 노력'이라는 뜻으로, 가난과 고생을 이겨 내고 부지런하고 꾸준하게 공부하는 자세 또는 그렇게 공부하여 이룬 공을 일컫는 말이에요.

- 우리 윗집에 사는 서준이 형이 이번에 서울대에 합격했대.
- 그 잘생긴 오빠?
- 응. 학원도 안 다니고 오직 교과서로만 공부했대.
- 우아!
- 심지어 집이 어려워서 아르바이트까지 하면서.
- 형설지공의 노력으로 열심히 공부했구나.
- 나도 형처럼 학원 안 다니고 공부할래.
- 학원 안 가고 싶어서 핑계 만드는 거지?

(말풍선: 찾았다! / 우리 잡을 시간에 공부를 하면? / 1등 할걸.)

비슷한 한자 성어

- 🔶 **손강영설(孫康映雪)**: 어려운 가운데 열심히 공부함을 이르는 말.
  孫 손자 손 康 편안할 강 映 비칠 영
  雪 눈 설

- 🔶 **차윤취형(車胤聚螢)**: 차윤이 반딧불이를 모아 그 빛으로 글을 읽었다는 고사.
  車 수레 차 胤 자손 윤 聚 모을 취
  螢 반딧불이 형

螢	雪	之	功
반딧불이 형	눈 설	어조사(갈) 지	공 공

반딧불과 눈빛으로 이룬 공

《진서》〈차윤전〉·〈손강전〉에 나오는 말이에요. 진나라 차윤이 가난하여 등불 켤 기름이 없어 여름밤에 반딧불을 모아 그 불빛으로 글을 읽었다는 고사 '차윤취형(車胤聚螢)'과 손강이 가난하여 기름을 사지 못하여 겨울밤에는 달빛에 반사된 눈빛에 비추어 책을 읽었다는 고사 '손강영설(孫康映雪)'을 아울러 '형설'이라고 해요. 이 두 고사에서 유래된 형설지공은 반딧불과 눈빛으로 이룬 공이라는 뜻이지요.

반딧불이, 너는 누구냐?

◀늦반딧불이

밤에 스스로 빛을 내는 반딧불이는 배의 끝마디에서 빛을 내는데, 이 빛은 짝짓기를 하기 위한 신호예요. 또 반딧불이는 깨끗한 환경에서만 살 수 있어서 대표적인 '환경 지표 곤충'으로 꼽혀요. 우리나라에서는 환경 오염으로 많이 사라져 전라북도 무주에서만 자연 부화 반딧불이를 관찰할 수 있어요. 무주 반딧불이와 반딧불이 서식지는 천연기념물 제322호로 지정하여 보호하고 있답니다.

반딧불이 불빛으로 공부를 하려면?

반딧불이는 알, 애벌레, 번데기 때에도 빛을 낼 수 있어요. 천적을 피해 자기 몸을 보호하려고 빛을 내는 거예요. 또 어른벌레로 자라면 자기 무리를 알아보거나 짝을 찾기 위해 빛을 내요. 수컷은 두 줄의 빛을 내고, 암컷은 한 줄의 빛을 내는데, 실제로 반딧불이 200마리 정도면 책을 읽을 수 있는 밝기가 된다고 해요. 하지만 동시에 반짝이지 않기 때문에 책을 읽기에는 어려움이 있지요.

달빛에 비친 새하얀 눈

추운 겨울에 내리는 눈은 대기 중의 구름으로부터 지상으로 떨어져 내리는 얼음의 결정이에요. 눈밭에서 반사되는 햇빛의 양은 약 80~90퍼센트에 달할 정도이니 깜깜한 밤 달빛에 반사된 눈빛으로 책을 읽는 게 무리는 아니었을 거예요. 그렇게라도 학문에 매진한 손강의 의지와 노력이 대단해요.

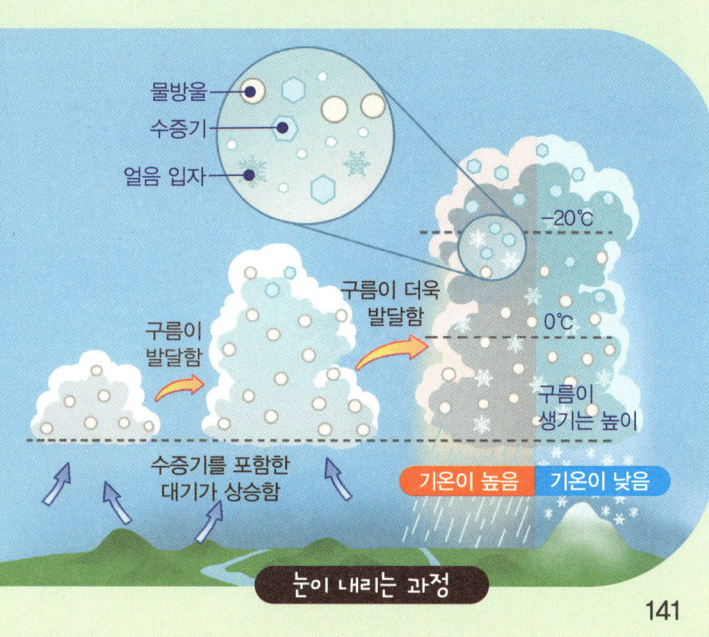
눈이 내리는 과정

68 호가호위

'여우가 호랑이의 위세를 빌려 거만하게 군다'는 뜻으로, 실력이나 능력이 없는 사람이 남의 권세를 빌려 위세를 부린다는 말이에요.

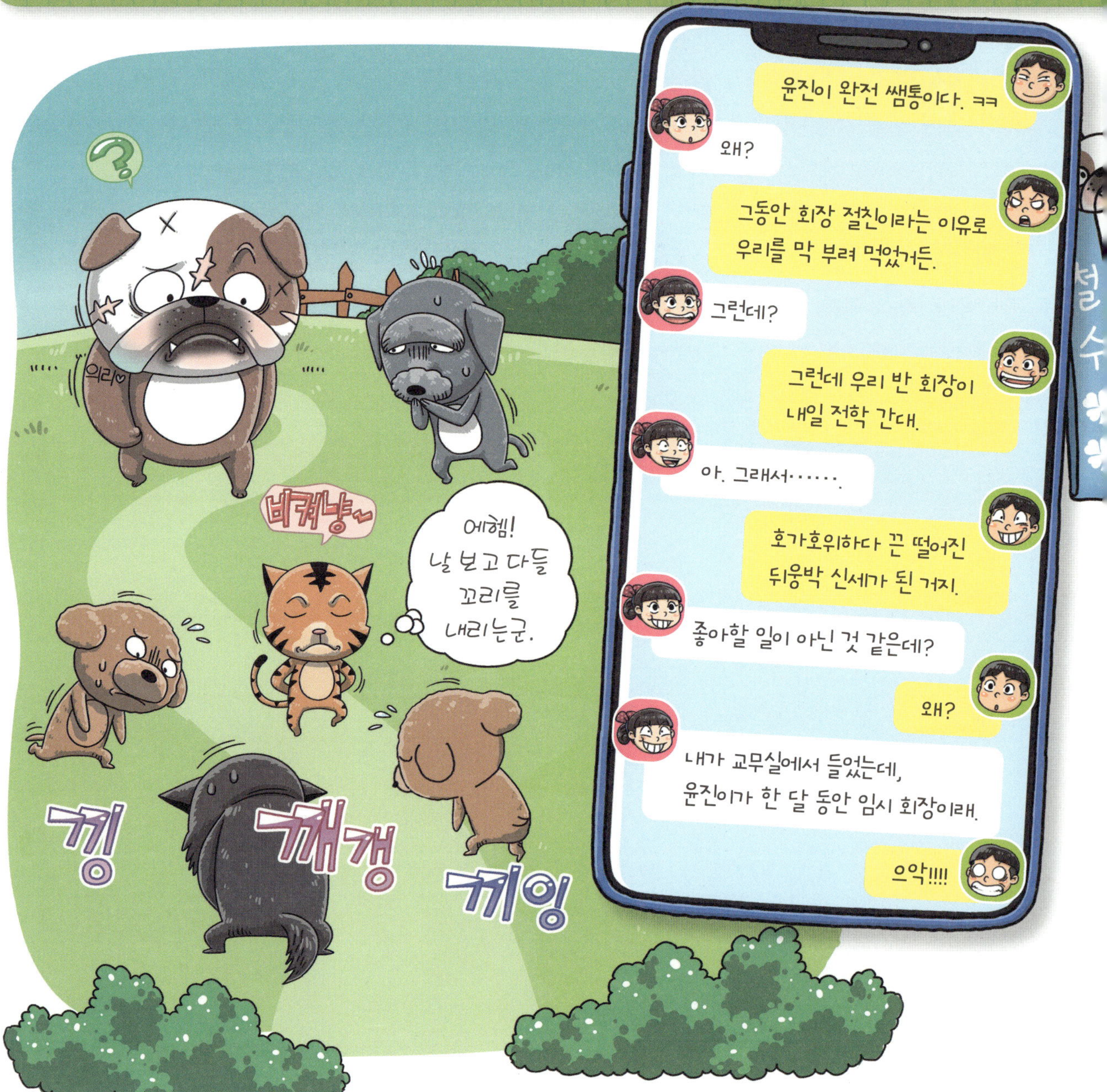

에헴! 날 보고 다들 꼬리를 내리는군.

윤진이 완전 쌤통이다. ㅋㅋ

왜?

그동안 회장 절친이라는 이유로 우리를 막 부려 먹었거든.

그런데?

그런데 우리 반 회장이 내일 전학 간대.

아. 그래서……

호가호위하다 끈 떨어진 뒤웅박 신세가 된 거지.

좋아할 일이 아닌 것 같은데?

왜?

내가 교무실에서 들었는데, 윤진이가 한 달 동안 임시 회장이래.

으악!!!!

狐	假	虎	威
여우 호	거짓(빌릴) 가	범 호	위엄 위

호랑이에게 잡혀도 기세등등한 여우

《전국책》〈초책〉에 나오는 말이에요. 중국 북방의 나라들이 초나라의 소해휼이라는 재상을 몹시 두려워했어요. 그 이야기를 들은 초나라 왕이 북방의 나라들이 왜 소해휼을 두려워하는지를 신하들에게 묻자 변사 강을이 "호랑이에게 잡힌 여우가 말하길 '나는 옥황상제로부터 백수의 왕에 임명되었다. 만일 나를 잡아먹으면 하늘의 뜻을 거역하는 것이 된다. 믿어지지 않거든 내가 앞장서 갈 테니 그대는 내 뒤를 따라와 보라.'라고 하였습니다. 과연 만나는 짐승마다 모두 달아났지요. 사실은 여우 뒤에 있는 호랑이를 보고 달아난 것이었지만요. 북방의 나라들도 이와 마찬가지로 소해휼 뒤에 있는 대왕의 막강한 군대를 무서워하고 있는 것입니다."라고 대답했어요.

여우와 호랑이

여우		호랑이
개과의 포유류	분류	고양이과의 포유류
약 1미터	크기	약 2미터~4미터
고라니, 들쥐, 조류, 조류의 알, 개구리, 물고기, 식물 열매, 곤충 등	먹이	사슴, 산양, 멧돼지, 토끼, 들쥐, 꿩 등

사자 가죽을 쓴 당나귀

《이솝 이야기》에 호가호위와 비슷한 이야기가 있어요. 당나귀가 길가에서 주운 사자의 가죽을 썼더니 모든 동물들이 벌벌 떨고, 굽실굽실 절을 하며 아첨을 떨었어요. 우쭐해진 당나귀는 자기를 업신여기던 동물들을 괴롭히며 위세를 떨쳤지요. 그러다 더욱 사자처럼 보이려고 사자 울음소리를 낸다는 것이 당나귀 소리를 내 버렸고, 영리한 여우가 사자의 가죽을 쓴 당나귀의 정체를 알아차려 다른 동물들과 힘을 합쳐 사자 가죽을 벗겨 버렸지요. 결국 당나귀는 웃음거리가 되고 말았어요.

고사성어 더하기

➕ **호사수구(狐死首丘)**
1. '여우가 죽을 때 머리를 제가 살던 굴이 있는 언덕으로 돌린다'는 뜻으로, 죽을 때라도 자기의 근본을 잊지 아니함을 이르는 말.
2. 고향을 그리워함을 이르는 말.

➕ **기호지세(騎虎之勢)**
'호랑이를 타고 달리는 형세'라는 뜻으로, 이미 시작한 일을 중도에서 그만둘 수 없는 경우를 비유적으로 이르는 말.

69 화룡점정

'용을 그리고 마지막으로 눈동자를 그린다'는 뜻으로, 무슨 일을 하는 데에 가장 중요한 부분을 완성시키는 것을 가리키는 말이에요.

우리 학교 댄스 팀 만들어서 초등학생 댄스 경연 대회에 나갈 거야.

오, 재밌겠다. 멤버는 누구야?

오훈, 동원, 현준, 나.

나도 끼워 주라.

너?

내가 껴야 화룡점정이라고!

왜?

내가 얼마나 춤을 잘 추는데.

안 본 눈 삽니다.

엇! 잘못 그렸는데.

어지러워~

같은 한자 성어
- 점정(點睛)

畫	龍	點	睛
그림 화	용 룡(용)	점 점	눈동자 정

눈동자를 그리면 하늘로 날아 올라가는 용

《수형기》에 나오는 말이에요. 양나라의 장승요라는 사람이 안락사라는 절에 용 두 마리를 그렸어요. 그런데 용의 눈동자가 없어 사람들이 의아해했지요. 사람들이 그 이유를 묻자 장승요는 "눈동자를 그리면 용이 하늘로 날아가 버리기 때문입니다."라고 대답하였어요. 그러나 사람들은 그 말을 믿지 않았지요. 그래서 장승요가 용 한 마리에 눈을 그려 넣었어요. 그러자 갑자기 그 용이 실제 용이 되어 하늘로 날아 올라가 버렸어요. 반면 눈동자를 그리지 않은 용은 그대로 남아 있었지요.

초롱초롱 눈동자

눈동자는 눈알의 한가운데에 있는 것으로 조그맣고 검게 보이는 부분이에요. 도넛 모양의 홍채, 동공, 눈동자를 덮고 있는 각막을 합쳐 이르는 말이지요. 홍채는 빛의 양을 조절하는 조리개 역할을 해요. 홍채가 커졌다 작아졌다 하면서 동공의 크기와 눈으로 들어오는 빛의 양을 조절하는 것이지요.

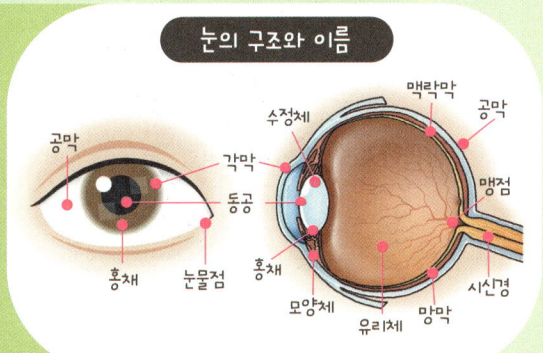

눈의 구조와 이름

파란 눈? 검정 눈?

사람마다 눈동자 색이 달라요. 눈동자 색은 홍채 속에 들어 있는 멜라닌의 양에 따라서 결정되지요. 멜라닌은 동물 몸속에 있는 검은색이나 흑갈색의 색소인데, 멜라닌 색소의 양이 많을수록 피부, 머리카락, 눈의 색이 어두운 색을 띠어요. 멜라닌이 있는 눈은 검게 보이고, 멜라닌이 거의 없는 눈은 푸르게 보인답니다.

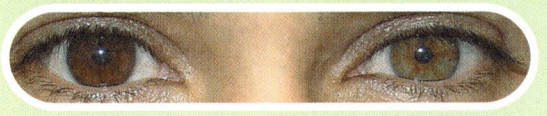

▲ 양쪽 홍채 색이 서로 다른 홍채 이색증

화룡점정과 반대되는 속담

중요한 일의 마무리를 하는 화룡점정과는 반대로 다 된 일을 망쳐 버린다는 의미를 가진 우리나라 속담으로 '다 된 죽에 코 풀기'가 있어요. 다 만들어진 죽에 더러운 코를 풀어 먹을 수 없게 만든다는 뜻으로, 거의 다 된 일을 망쳐 버리는 주책없는 행동이나 남의 다 된 일을 악랄한 방법으로 방해하는 것을 비유적으로 이르는 말이에요.

고사성어 더하기

➕ **일룡일사(一龍一蛇)**
'용이 되어 하늘로 올라가거나 뱀이 되어 못 속에 숨는다'는 뜻으로, 태평한 시대에는 세상에 나와 일을 하고 난세에는 은거하여 재능을 나타내지 아니하고 시대에 잘 순응함을 이르는 말.

70 환골탈태

'뼈를 바꾸고 태를 빼낸다'는 뜻으로, 사람이 보다 나은 방향으로 변하여 전혀 딴사람처럼 된다는 말이에요.

같은 한자 성어
- 환골(換骨)
- 탈태(奪胎)
- 환탈(換奪)

換	骨	奪	胎
바꿀 환	뼈 골	빼앗을 탈	아이 밸 태

환골탈태로 시의 무한한 뜻을 추구하다

《냉재야화》에 나오는 말이에요. 중국 북송의 시인 황정견이 말하길 "시의 뜻이 끝이 없지만 사람의 재주는 한계가 있다. 한계가 있는 재주로 무한한 뜻을 추구하려 한다면 도연명이나 두보라 해도 그 교묘함에 잘 이르지 못할 것이다. 뜻을 바꾸지 않고 자기 말로 바꾸는 것을 '환골'이라 하고, 그 뜻을 가지고 형용하는 것을 '탈태'라고 한다."라고 하였어요.

환골탈태의 두 가지 의미

환골탈태의 유래에서처럼 원래 '환골'은 옛사람의 시문을 본떠서 말의 마디나 구절을 만드는 것을 말하고, '탈태'는 고대 시의 뜻을 본떠서 원래의 시와 다소 뜻을 다르게 짓는 것을 말해요. 즉 환골탈태란 옛사람이나 다른 사람의 글에서 형식이나 내용을 모방하고 바꾸어서 자기의 작품이 먼저 것보다 잘되게 함을 이르는 말이에요. 하지만 오늘날에는 사람 또는 어떠한 일이 형태나 구성을 근본적인 것에서부터 바꾸어 새롭게 태어난다는 의미로 많이 쓰이고 있답니다.

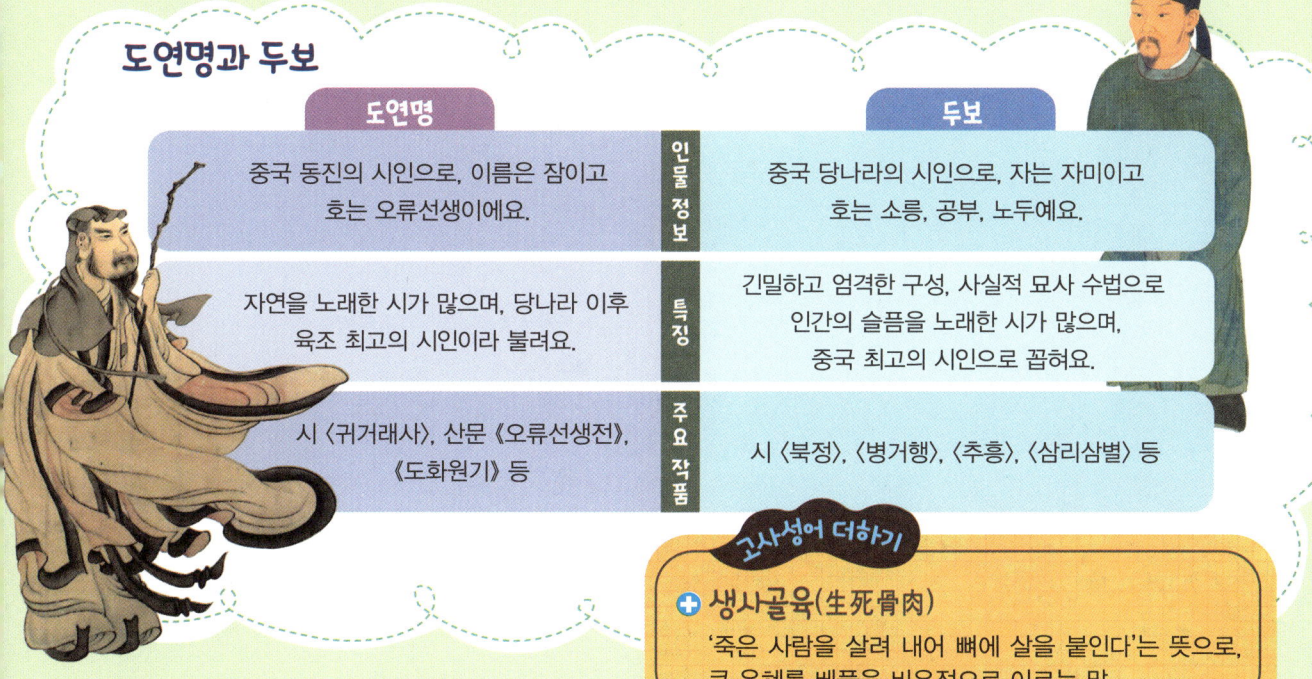

도연명과 두보

	도연명		두보
인물 정보	중국 동진의 시인으로, 이름은 잠이고 호는 오류선생이에요.		중국 당나라의 시인으로, 자는 자미이고 호는 소릉, 공부, 노두예요.
특징	자연을 노래한 시가 많으며, 당나라 이후 육조 최고의 시인이라 불려요.		긴밀하고 엄격한 구성, 사실적 묘사 수법으로 인간의 슬픔을 노래한 시가 많으며, 중국 최고의 시인으로 꼽혀요.
주요 작품	시 〈귀거래사〉, 산문 《오류선생전》, 《도화원기》 등		시 〈북정〉, 〈병거행〉, 〈추흥〉, 〈삼리삼별〉 등

고사성어 더하기

➕ **생사골육**(生死骨肉)
'죽은 사람을 살려 내어 뼈에 살을 붙인다'는 뜻으로, 큰 은혜를 베풂을 비유적으로 이르는 말.

 **사진출처**

9쪽
다모클레스의 검 : 발랑시엔 미술관

11쪽
스크루지(존 리치가 그린 삽화) : 위키 퍼블릭
《크리스마스 캐럴》 초판본 : 위키 퍼블릭

15쪽
양수 : 위키 퍼블릭

17쪽
버들개 : 권선만, 국립 생물 자원관
버들치 : KENPEI, CC BY-SA 3.0
열목어 : 국립 생태원

19쪽
이항복 초상 : 위키 퍼블릭
이덕형 초상 : 동아대학교 석당 박물관 소장, 문화재청

23쪽
쌍학흉배 : 국립 민속 박물관

27쪽
첫 동력 비행에 성공한 모습 : 위키 퍼블릭
그림 형제 : 위키 퍼블릭

31쪽
〈다다익선〉 : 국립 현대 미술관, 최광모, CC BY-SA 4.0

33쪽
광화문 광장의 이순신 동상 : Hnc197, CC BY-SA 2.5
이순신 표준 영정 : 한국 문화 정보원
토머스 에디슨 : 위키 퍼블릭
윈스턴 처칠 : 위키 퍼블릭

35쪽
《삼국지연의》 필사본 : 국립 한글 박물관
〈삼국지연의도〉 10폭 병풍의 〈도원결의〉 부분 그림 : 국립 민속 박물관
복숭아나무 : Allagash Brewing, CC BY 2.0

39쪽
숭례문의 청룡과 황룡 그림 : m-louis, CC BY-SA 2.0
자주색 용포 : 국립 고궁 박물관
경복궁 근정전의 용상 : 문화재청

43쪽
맹자 : 위키 퍼블릭
베틀 : 국립 민속 박물관

45쪽
멧돼지 등을 잡을 때 쓰던 창 : 국립 민속 박물관
앞면에 용이 그려진 조선 시대 M자 모양 방패 : 국립 중앙 박물관

47쪽
〈몽유도원도〉 : 일본 덴리 대학교 덴리 도서관
〈파라다이스〉 : 베를린 국립 회화관

49쪽
《삼국사기》 : 국립 중앙 박물관
대구장 : 국채 보상 운동 기념관

51쪽
에도 시대 일본에서 간행한 이시진의 《본초강목》 : 국립 중앙 박물관

53쪽
한신 : 위키 퍼블릭
〈학익진도〉 등이 들어 있는 《우수영전진도첩》 : 문화재청

57쪽
조선 후기에 제작된 패철이라고 부르던 휴대용 나침반 : 국립 중앙 박물관

61쪽
공자 : 위키 퍼블릭
《논어》 : 위키 퍼블릭

63쪽
제갈량 : 위키 퍼블릭
초가집 : Kim Dae Jeung, CC0

65쪽
수리취떡 : 국립 민속 박물관
복조리 : 국립 민속 박물관

67쪽
〈프랜시스 베이컨 경〉 : 바르샤바 물 위의 궁전

73쪽
재판을 진행하는 법관의 모습 : maveric2003, CC BY 2.0

75쪽
도요새 : CC BY-NC-SA 2.0 KR
존 제라드 케울레마이 그린 멧도요 그림 : 위키 퍼블릭

77쪽
칡 : 위키 퍼블릭
등나무 : 한국학중앙연구원 김연삼, 한국민족문화대백과사전

79쪽
금문교의 아침 안개 : Frank Schulenburg, CC BY-SA 3.0

81쪽
기린 : H. Zell, CC BY-SA 3.0

83쪽
고구려 고분 벽화에 그려진 삼족오 : 위키 퍼블릭

85쪽
가마솥 : 국립 민속 박물관
김치냉장고 : CC BY-SA 2.0 kr
전기밥솥 : 위키 퍼블릭
전기다리미 : Colin, CC BY-SA 3.0

89쪽
〈비트루비안 맨〉 : 아카데미아 미술관

93쪽
용머리 : Ghislain118, CC BY-SA 3.0
용머리기와 : 국립 경주 박물관

95쪽
타이항산 : SIMPLE, CC BY-SA 3.0

97쪽
지팡이 : 국립 민속 박물관

105쪽
대나무에 쓰인 《손자병법》 : vlasta2, CC BY 2.0

107쪽
〈삼일유가〉 : 국립 중앙 박물관
《효경대의》 : 국립 중앙 박물관

109쪽
헬렌 켈러와 앤 설리번 : 위키 퍼블릭

113쪽
《순오지》 : 한국민족문화대백과 사전

115쪽
온천 중인 일본원숭이들 : Yosemite, CC BY-SA 3.0

117쪽
에카세르를 하는 모습 : Patrb, CC BY-SA 3.0
죽마 : 丁, CC BY-SA 3.0

121쪽
송편 : Korea.net, CC BY 2.0

125쪽
브라질 광산에서 나오는 주요 철광석인 적철광 : CC BY-SA 2.0 br
강철로 만든 샌프란시스코의 골든 게이트 브리지 : Grombo, CC BY-SA 3.0

127쪽
푸젠성에 있는 육유 상 : 위키 퍼블릭
벼락 : Postdlf, CC BY-SA 3.0

129쪽
'남엽'이라고 부르는 쪽의 잎 : Udo Schroter, CC BY-SA 3.0

133쪽
장자 : 위키 퍼블릭
옥돌 : CC BY-SA 3.0

137쪽
〈묵죽도〉 : 국립 중앙 박물관

139쪽
전주 경기전의 조선 태조 이성계 어진 : 경기전, 위키 퍼블릭

141쪽
늦반딧불이 : 국립 생물 자원관

145쪽
양쪽 홍채 색이 서로 다른 홍채 이색증 : Shannernanner, CC BY-SA 3.0

147쪽
도연명 : 위키 퍼블릭
두보 : 위키 퍼블릭

* 여기에 출처를 표기하지 않은 이미지는 클립아트코리아 라이선스 계약에 의해 사용한 이미지입니다.

 찾아보기

 ㄱ

가담항설 98
가도벽립 107
각골난망 12, 135
각선구검 8
각주구검 8~9
감언이설 99
개과자신 10
개과천선 10~11
객반위주 112
거일반삼 113
거재두량 123
견마지치 71
견불체문 67
견토지쟁 74
결의형제 34
결자해지 13
결초보은 12~13, 135
경경고침 28
경경불매 28
경궁지조 111
경전하사 111
경황망조 111
계구우후 15
계군고학 22
계군일학 22
계란유골 15, 123
계륵 14~15
계명구도 15
고립무원 56
고장난명 70
과문불입 17
과유불급 16~17

관중규표 19
관포지교 18~19
괄구마광 21
괄목상대 20~21
교각살우 16
교담여수 19
교언영색 99
교왕과직 16
교학상장 43
구마지심 101
구미속초 135
구밀복검 9, 99
구사일생 115
구천직하 136
군계일학 22~23
군맹상평 23
권선징악 11
극기복례 119
금상첨화 24~25, 68
금의환향 25
긍긍업업 111
기호지세 143

 ㄴ

난망지택 135
난형난제 26~27
낭중지추 22
내강외유 90
내성불구 91
내우외환 91
노사일음 29
노심초사 28~29
누란지세 137
눌언민행 99

 ㄷ

다기망양 31
다다익선 30~31
다다익판 30
대기만성 32~33
대우탄금 21, 40
도외시 91
도원결의 34~35
도원경 46, 47
도청도설 99
독서삼도 122
동기상구 36
동두철액 125
동병상련 36~37
동성상응 36, 105
동주상구 36
득어망전 81
득의지추 123
등고자비 39
등달 106
등용문 38~39

 ㅁ

마부작침 94
마이동풍 40~41
마혁과시 41, 65
막상막하 26
망양보뢰 71, 97
맹모단기 43
맹모삼천 42
맹모삼천지교 42~43
면장우피 124
명산대천 107
모순 44~45

모원단장 43
무릉도원 46~47
문경지교 18
문외한 39
문일지십 55
문전성시 48~49
문전작라 49
문정약시 48

 ㅂ

반객위주 51, 113
반구저기 51
반면교사 133
반면지식 125
반의지희 50
반포지효 50~51
방방곡곡 73
방약무인 131
방휼지쟁 74
배수지진 52
배수진 52~53
배은망덕 13
백골난망 12
백년지계 115
백문불여일견 54~55
백미 22
백발백중 55
백전백승 118, 119
백중지세 26
변화무상 97
별유건곤 46
별유천지 77
병상첨병 68
병입고황 37
보거상의 70

부담복철 84
부언낭설 98
불가사의 77
불립문자 100

ㅅ

사리사욕 75
사면초가 56~57
사비사지 139
사생취의 60
사이비 73
사족 58~59
사해형제 57
살신성인 60~61
살신입절 60
삼고초려 62~63
삼년불비 99
삼삼오오 63
삼천지교 42
새옹득실 64
새옹마 64
새옹지마 64~65
생사골육 147
선견지명 67
선입감 66
선입견 66~67
선입관 66
선입관념 66
선입주 66
선입주견 66
선입지견 66
설상가상 24, 68~69
설상가설 68
설중송백 69
성사재천 33

세여파죽 136
세한삼우 117
소림일지 17
손강영설 140, 141
수구초심 101
수기응변 104
수불석권 21, 122
수시응변 104
수신제가 61
수어지교 18
수주대토 9
수청무대어 53
숙흥야매 81
순망치한 70~71
순치보거 70
시비지심 73
시시비비 72~73
시야비야 72
시종일관 92
신체발부수지부모 61, 107
심심상인 100
십벌지목 94
십시일반 115

ㅇ

아전인수 76
안거위사 96
양과분비 36
양두구육 93
양질호피 125
양호유환 97
어부지리 74~75
언중유골 99
여세추이 95
여풍과이 40

역지사지 76~77
염화미소 100
오리무중 78~79
오매불망 80~81
오매사복 80
오월동주 9
오합지졸 82
오합지중 82~83
옥석혼효 133
온고지신 84~85
온유돈후 85
와신상담 86~87
와합지졸 82
완벽 88~89
완벽귀조 88
왈가왈부 72
외강내유 90
외유내강 90~91
요원지화 136
용두사미 92~93
용호상박 39
우공이산 94~95
우열난분 26
우이독경 40
우자일득 95
우후죽순 21
원망추조 35
원청즉유청 47
유비무환 96~97
유수불부 99
유어유수 17
유어출청 129
유언비어 98~99
응변 104
의기양양 107
이문불여목견 54
이상지계 69

이상향 46, 47
이심전심 100~101
이율배반 44
익자삼우 31
인면수심 101
인자무적 61
일거수일투족 103
일거양득 102~103
일거양실 103
일거이득 102
일무소식 138
일사천리 79
일석이조 103
일신월성 85
일엽지추 85
일전쌍조 103
일진월보 20
일취월장 20
일편단심 29
임기응변 104~105
임시응변 104
입신양명 106~107
입신출세 106, 107

ㅈ

자가당착 44, 109
자격지심 29
자과부지 11
자기 108
자기모순 44
자포 108
자포자기 108~109
작심삼일 16
적반하장 112~113
적신지탄 87

전거후공 49
전긍 110
전전긍긍 73, 110~111
전전반측 80
전호후랑 24, 68
전화위복 64
절치액완 86
점액 38
점정 144
정문일침 130
조삼 114
조삼모사 114~115
조조모모 115
종무소식 138
주객전도 112
죽마고우 116~117
죽마교우 116
죽마구우 116
죽마지우 116
중과부적 83
지란지교 18
지록위마 65
지적지아 118
지피지기 118~119
지피지기백전백승 119
지피지기백전불태 119
지피지기백전불패 119
진퇴무로 14
진퇴양난 14, 56
진퇴유곡 14, 56

천려일득 103
천려일실 123
천세일시 122
천의무봉 127
천재일시 122
천재일우 122~123
철면무사 125
철면피 124~125
철심석장 133
청운지사 129
청운지지 127
청천벽력 126~127
청출어람 128~129
초가 56
초간구활 63
초려삼고 62
초순건설 29
초심고려 28
초재진용 57
촌전척택 131
촌철살인 130~131
추고마비 120
춘인추사 59
출람 128
충간의담 87
칠전팔기 115

파죽지세 136~137
포기 108
풍수지탄 41

학립계군 22
함흥차사 138~139
합포주환 83
허심탄회 29
허허실실 73
형설지공 140~141
형우제공 27
형제위수족 59
형제혁장 27
호가호위 142~143
호사수구 143
호시탐탐 123
호형호제 27
호호탕탕 73
혼정신성 50
화룡점정 144~145
화복무문 97
화사첨족 58
화씨지벽 89
화조풍월 25
환골 146
환골탈태 146~147
환탈 146
회계지치 86
회과천선 10
후안무치 124

차윤취형 140, 141
창상지변 105
천고마비 120~121

타산지석 132~133
탈태 146
토사구팽 134~135

ㅍ

파기상접 137